REPORT ON THE HIGH-QUALITY DEVELOPMENT OF
CHINA'S MARKETING COMMUNICATION（2022）

中国营销传播
高质量发展报告
（2022）

组织编写／《中国广告年鉴》（广州）编审暨中国品牌高质量发展研究中心

主编／杨先顺

执行主编／万木春

副主编／星亮　朱磊

社会科学文献出版社
SOCIAL SCIENCES ACADEMIC PRESS (CHINA)

序 言

杨先顺[*]

党的十九大报告指出："我国经济已由高速增长阶段转向高质量发展阶段，正处在转变发展方式、优化经济结构、转换增长动力的攻关期。"[①] 党的二十大报告进一步强调："高质量发展是全面建设社会主义现代化国家的首要任务。"[②] 习近平总书记指出，"高质量发展，就是能够很好满足人民日益增长的美好生活需要的发展，是体现新发展理念的发展，是创新成为第一动力、协调成为内生特点、绿色成为普遍形态、开放成为必由之路、共享成为根本目的的发展"。[③] 高质量发展既是我国经济发展的一个新阶段，又是各行各业必须勇于担当的新使命、新任务。在广告业界和学界，如何实现广告产业高质量发展乃至营销传播高质量发展，是新时代广告人和广告学者必须着力研究的重要课题。

近年来，中国营销传播领域的研究取得了显著进展，这主要体现

---

[*] 杨先顺，暨南大学新闻与传播学院广告系教授、博士生导师，中国广告协会学术与教育工作委员会常务委员会副主任。

[①] 《全力推动我国经济转向高质量发展》，https://www.gov.cn/xinwen/2017-12/17/content_5247801.htm，访问日期：2023年12月23日。

[②] 《全面建设社会主义现代化国家的首要任务》，http://www.xinhuanet.com/politics/20221228/c672800da6874e83a5e50000fbabd996/c.html，访问日期：2023年12月23日。

[③] 陈雨露：《深刻理解和把握高质量发展（人民要论）》，http://theory.people.com.cn/n1/2023/0830/c40531-40066687.html，访问日期：2023年12月23日。

在营销传播理论框架的拓展与深化、研究主题的多样化以及研究方法的科学化等方面。与此同时，中国营销传播在发展过程中不可避免地存在着诸多问题。突破与优势需要加以整理，问题与短板需要得到反映。综观目前国内的相关成果，我们不难发现尚有以下缺憾：一是在中国营销传播领域尚未出现具有系统性、全面性的蓝皮书；二是与该领域相关的研究报告类图书缺乏时间上的延续性；三是一些研究报告类图书缺乏权威性和公信力。

为了在党的二十大精神指引下总结中国营销传播产业在新时代新征程中的高质量发展年度成就，梳理中国营销传播产业整体推进和重点突破的关系、总体谋划和久久为功的关系、破除旧动能和培育新动能的关系、维护公平与讲求效率的关系，综合反映中国营销传播在构建高水平社会主义市场经济体制、推进高水平对外开放等方面的积极作用和重要意义，反映中国营销传播产业在高质量发展进程中面临的问题和不足，推动中国营销传播在实践中塑造发展新动能新优势，《中国广告年鉴》（广州）编审暨中国品牌高质量发展研究中心决定推出《中国营销传播高质量发展报告》，希望在如下四个方面取得一定成果：其一，打破传统界限，将营销学、传播学、心理学、社会学、伦理学、历史学、数据科学等多学科理论进行有机融合，在一定程度上形成新的中国营销传播理论框架和分析范式；其二，基于重点宏观议题，引入最新的营销传播理论并关注最新的实践发展，体现内容创新；其三，提供启发印证的鲜活个案，使该报告系列成为中国品牌营销传播的有效行动指南；其四，全面扫描过去一到两年的理论研究状况，为学界提供学习和研究参考。

本书旨在总结2022年中国营销传播高质量发展的现状与趋势，发现问题，提出对策。本书共包含10个报告，分别是：《中国营销传播高质量发展总报告（2022）》《中国广告伦理治理研究与实践年度发展报告（2022）》《中国公益广告事业年度发展报告（2022）》《中国数字营销传播发展报告（2022）》《中国计算广告隐私保护发展报告（2022）》《中国程序化广告发展报告（2022）》《中国元宇宙营销传播发展报告（2022）》《中国虚拟数字人年度发展报告（2022）》《中国跨界营销传播年度发展报告（2022）》《中国数字展览年度发展报告（2022）》。

概而言之，本书有如下几个特点。一是引导性。本书以习近平新时代中国特色社会主义思想为指导，力求从高质量发展的战略高度审视2022年中国营销传播的发展状况，如中国广告伦理治理研究与实践发展、中国公益广告事业发展、中国数字营销发展等，以高质量发展的要求检视其存在的问题，并提出对策、建议和未来发展方向。二是前沿性。本书聚焦于2022年中国营销传播的新动向、新技术、新挑战、新问题和新理念、新方法、新举措、新对策，力图观察并透视该年度中国营销传播业界发展和学术研究的前沿。三是融合性。本书既注重总结业界多形态的营销传播实践，又注重总结学界反思性（或实证性）的理论研究，使理论和实践相互映照、相互融合、相互促进。当然，由于报告撰写者的认知水平和内部资料收集能力的限制，本书也存在一些不足，恳请读者批评指正，以便今后进一步提升和优化。中国营销传播的高质量发展需要高质量的研究报告，我们正在努力！

本书从策划、撰写到编辑、出版凝聚了众多人的心血。感谢中国广告协会会长张国华先生的宏观指导；感谢中国社会科学院社会科学文献出版社编审张建中先生，暨南大学出版社社长阳翼教授、编辑室曾鑫华主任等的耐心指正；感谢暨南大学新闻与传播学院党委书记支庭荣教授、暨南大学新闻与传播学院院长兼暨南大学教务处处长刘涛教授等领导的大力支持！感谢暨南大学广告学系所有相关师生、武汉大学广告系周茂君教授及其研究生的辛勤付出！

2023年12月23日

目 录
CONTENTS

中国营销传播高质量发展总报告（2022）
………………………………………… 杨先顺　万木春 / 001

中国广告伦理治理研究与实践年度发展报告（2022）
………………………… 杨先顺　薛凯丽　熊恒晓　陈　雨 / 015

中国公益广告事业年度发展报告（2022）
………………………………………… 星　亮　海　韵　刘　影 / 039

中国数字营销传播发展报告（2022）
………………………………………… 李芙蓉　周茂君 / 055

中国计算广告隐私保护发展报告（2022）
………………………………………… 林升梁　嘎日查戈 / 075

中国程序化广告发展报告（2022）
………………………… 陈韵博　甘露颖　林韵程 / 091

中国元宇宙营销传播发展报告（2022）
………………………… 朱　磊　季欢欢　郑文淮 / 110

中国虚拟数字人年度发展报告（2022）
………………………… 陈韵博　刘喜雯　王　鑫 / 128

中国跨界营销传播年度发展报告（2022）
.... 万木春　焦婧妍　邱慧敏 / 146

中国数字展览年度发展报告（2022）
.... 郑晓君　苏少航 / 164

中国营销传播高质量发展总报告（2022）

杨先顺* 万木春**

摘　要：在整合营销传播全球化、营销技术数字化的大背景下，我国的广告产业形态已经向"营销传播产业"发生了全面转变。科学回答关于营销传播高质量发展的中国之问、世界之问、人民之问、时代之问，是推动我国营销传播事业取得历史性成就、发生历史性变革的必备基础。本报告对全书主要涉及的2022年中国营销传播发展现状、存在问题、高质量发展趋势与对策建议等进行了扼要总结，并从供给、需求、投入与产出、分配等角度，阐明了中国营销传播高质量发展的重点任务和主体目标。

关键词：营销传播；高质量发展；中国式现代化；重点任务；主体目标

Abstract：Against the background of globalization of integrated marketing communication and digitalization of marketing technology, the form of China's advertising industry has undergone a comprehensive change towards "marketing communication industry". Scientifically answering the questions

---

* 杨先顺，暨南大学新闻与传播学院广告学系教授、博士生导师，中国广告协会学术与教育工作委员会常务委员会副主任。
** 万木春，暨南大学新闻与传播学院广告学系副教授、硕士生导师。

of China, the world, the people and the times about the high-quality development of marketing communication is the necessary basis for promoting the historical achievements and changes of China's marketing communication industry. This report briefly summarizes the development status, existing problems, high-quality development trends and countermeasures of China's marketing communication in 2022, and expounds the key tasks and main objectives of the high-quality development of China's marketing communication from the perspectives of supply, demand, input-output, distribution, etc.

Keywords: marketing communication; high quality development; Chinese style modernization; key tasks; main objective

党的十九大报告指出，中国经济已由高速增长阶段转向高质量发展阶段，正处在转变发展方式、优化经济结构、转换增长动力的攻关期。[①] 党的二十大报告进一步提出，高质量发展是全面建设社会主义现代化国家的首要任务。[②] 实现高质量发展，是中国式现代化的本质要求之一。

进入21世纪以来，我国的经济发展形势总体向好。2010年开始，中国国内生产总值（GDP）超过日本，成为世界第二大经济体。[③] 从2010年到2022年的14年间，我国的GDP从401513亿元增长至1204724亿元（国家统计局最终核实数据）[④]，2022年GDP总量已是

---

① 习近平：《决胜全面建成小康社会 夺取新时代中国特色社会主义伟大胜利——在中国共产党第十九次全国代表大会上的报告》，中国政府网，2023年12月18日访问，https://www.gov.cn/zhuanti/2017-10/27/content_5234876.htm。

② 习近平：《高举中国特色社会主义伟大旗帜 为全面建设社会主义现代化国家而团结奋斗——在中国共产党第二十次全国代表大会上的报告》，中国政府网，2023年12月18日访问，https://www.gov.cn/xinwen/2022-10/25/content_5721685.htm。

③ 《统计局：全面认识我国在世界经济中的地位》，中国政府网，2023年12月18日访问，https://www.gov.cn/gzdt/2011-03/17/content_1826579.htm。

④ 《统计局：2010年GDP最终核实数现价总量401513亿元》，中国政府网，2023年12月18日访问，https://www.gov.cn/jrzg/2012-01/11/content_2041488.htm。《国家统计局关于2022年国内生产总值最终核实的公告》，中国政府网，2023年12月18日访问，https://www.stats.gov.cn/sj/zxfb/202312/t20231229_1946058.html。

2010年的三倍。其中，第三产业①生产值增加迅速，在三次产业贡献率当中的比重不断提高并有持续上升趋势。2022年，我国第三产业增加值为638698亿元，对GDP的贡献率达到52.8%②。

作为第三产业当中现代服务业和文化产业的重要组成部分，广告行业与其他所有行业都有着千丝万缕的关系，它在我国经济转型升级、引导扩大消费、促进经济增长、繁荣社会文化中发挥了很大的推动作用。2011年至2015年的"十二五"规划期间，全国广告经营额从3100多亿元猛增至5900多亿元，年平均增幅接近25%，远高于同期GDP增幅③。2016年7月8日，国家工商总局发布了《广告产业发展"十三五"规划》。规划中公布的数据指出，截至2015年底，全国广告经营额为5973亿元，比2010年增长了1.5倍，自2013年便已跃升为世界第二大广告市场。在2016年至2020年的"十三五"期间，全国广告经营额从5900多亿元增至8600多亿元。2023年，全国广告经营额达到1.3万亿元，是当年第三产业增加值的1.9%。"十一五"期间的数据表明，全国广告经营额每增长1个百分点，就能够带动第二产业增加值增长1.6个百分点、第三产业增加值增长1.9个百分点、社会消费品零售总额增长1.6个百分点。④

然而，当今世界正经历百年未有之大变局，国际环境日趋复杂，不稳定性不确定性明显增加，广告产业发展面临诸多压力。广告产业发展不平衡问题突出，发展要素地域分布高度集中，区域协调发展有

---

① 根据国家统计局2012年制定的《三次产业划分规定》，第一产业是指农、林、牧、渔业（不含农、林、牧、渔服务业）；第二产业是指采矿业（不含开采辅助活动），制造业（不含金属制品、机械和设备修理业），电力、热力、燃气及水生产和供应业，建筑业；第三产业即服务业，是指除第一产业、第二产业以外的其他行业。
② 《中华人民共和国2022年国民经济和社会发展统计公报》，中国政府网，2023年12月18日访问，https://www.stats.gov.cn/sj/zxfb/202302/t20230228_1919011.html。
③ 《2011中国广告经营总额超3000亿元》，《国际品牌观察》，2012年第5期，第135页。《中国广告业年经营额近6000亿元 位居世界第二》，海外网，2023年8月31日访问，https://m.haiwainet.cn/middle/352345/2016/1022/content_30431895_1.html。
④ 张晓松：《中国广告年经营额超5000亿元居世界第二位》，中国政府网，2023年8月31日访问，https://www.gov.cn/xinwen/2014-05/09/content_2676539.htm。

待加强。广告领域新技术广泛普及，新业态加快涌现，给广告市场规范健康发展、用户数据安全保护等带来新的问题和挑战。重点领域广告违法问题易发多发，广告市场秩序持续好转的基础依然薄弱。广告营销重传播轻创意的问题较为普遍，广告作品的文化内涵和创意水平有待进一步提升。为逐步解决上述问题、促进广告产业高质量发展，国家市场监督管理总局根据党中央会议精神，依照《中华人民共和国国民经济和社会发展第十四个五年规划和2035年远景目标纲要》和《"十四五"市场监管现代化规划》，已于2022年4月印发实施《"十四五"广告产业发展规划》，系统谋划"十四五"时期推动广告产业高质量发展相关工作。

以往，广告行业一直是以广告主的营销中介角色出现的，在有形商品、无形服务、体验、人物、地点、财产权、组织、信息和观念的流转/传递/传播中起到渠道和桥梁作用。具体来说，主要是对4P[①]中的"促销"、4C[②]中的"传播"进行工作分解，承担以下一些职能：①进行市场调研，为委托方提供企业分析、市场环境分析、产品分析、消费者分析、竞争者分析等；②根据市场调研报告，帮助客户制定企业发展战略、营销策略、传播策略等；③分解传播策略，提供广告策划、广告创意、广告设计、广告制作服务等；④评估传播媒介价值并进行广告投放，代理媒介会谈、分析、核对、付账等工作；⑤提供市场销售、传播等数据监测服务；⑥在线下的广告和促销活动中予以支持；⑦制作销售推广材料、撰写年度报告、准备交易展示会、制作销售培训材料等；⑧负责公关及大型活动的策划与组织落地。而在进入21世纪之后，社会环境、技术环境、营销范围、消费者需求、客户需求、竞争环境、作业方法等都发生了巨大变化，对于代理方来说，至

---

① 4P：最早于20世纪60年代由麦肯锡（Jerry McCarthy）提出，包括Product（产品）、Place（渠道）、Price（价格）、Promotion（促销）。

② 4C：于20世纪90年代由劳特朋（Robert F. Lauterborn）和舒尔兹（Don E. Schultz）提出，包括Consumer（消费者）、Convenience（便利性）、Cost（成本）、Communication（传播）。

少增加了智能设备数据收集、线下线上打通及跨屏互动整合、社会化媒体运营、互联网公关及舆情监测、程序化购买、自动化创意、内容智能生产、网站建设与维护、电商策略定制、虚拟化体验、数字交互设计等工作，其目的也由较为单纯的广告市场调研、广告制作发布、活动策划执行等转为"在数字时代有效完成整合的智能营销传播活动"。整合营销传播理论认为，营销即传播，传播即营销。因此，我们可以得出这样的结论：在整合营销传播全球化、营销技术数字化的大背景下，广告产业形态已经发生了重大改变，即由提供单一广告代理服务的广告产业走向提供广告、公关、促销、营销咨询等以数字化为前提的、能够提供更为多元化服务的"营销传播产业"（或曰"大广告产业"）。

宏观环境已经发生了翻天覆地的变化，以与时俱进替代狭隘陈旧，既是历史的必然，也是局中人是否发挥主观能动性的衡量标准。中国营销传播方兴未艾，诸多重要概念仍需厘清，不少重要问题亟待解决，对于高质量发展的追求也不能停滞。科学回答关于营销传播高质量发展的中国之问、世界之问、人民之问、时代之问，是推动我国营销传播事业取得历史性成就、发生历史性变革的必备基础，是推动中国营销传播实现从"赶上时代"到"引领时代"伟大跨越的重要条件，是推动改革发展成果更多更公平惠及全体人民、以世界眼光正确认识和处理好中国与世界的关系的必然要求，也是中国广大营销传播从业者、学者心怀"国之大者"，把握新发展阶段、贯彻新发展理念、构建新发展格局，在思想上行动上与党中央精神保持同频共振的必由之路。为此，以暨南大学广告学系教师为主体的《中国广告年鉴》（广州）编审暨中国品牌高质量发展研究中心撰写该报告，以反映我国营销传播产业在新时代、新征程中的产业基础、发展机遇、面临挑战，中国营销传播高质量发展需要遵循的指导思想、基本原则、发展目标，以及中国营销传播高质量发展的重点任务和需要采取的措施。

一 2022年中国营销传播发展状况

数字经济发展速度之快、辐射范围之广、影响程度之深前所未有，正在推动人们的生产方式、生活方式以及社会治理方式发生深刻变革。党的二十大报告指出，要加快发展数字经济，促进数字经济和实体经济深度融合，打造具有国际竞争力的数字产业集群。[①] 中央多次强调，发展数字经济是大势所趋，我国必须把握住新一轮科技革命和产业变革的新机遇，将发展数字经济作为核心目标之一，着力构建现代化的新经济体系。成绩斐然的数字营销传播以及趋势明显的智能营销传播，是中国营销传播发展的基本环境与整体表现，是新经济体系的重要组成，是数字经济的典型代表和动力源泉。

在以往的规模基础上，2022年我国数字营销市场表现出较大进步，与宏观经济稳中求进的整体态势保持一致。从综合环境来看，经济环境较高的不确定性导致数字营销市场波动频繁，国内企业的营销支出增长速度明显放缓，但国家大力发展数字经济的政策举措不断强化，数字营销细分领域数量不断增多，企业的数字营销体系更加完善，数字营销产业正不断散发出强烈的扩张信号。从当前特点来看，2022年中国数字营销领域继续坚持以消费者需求为核心、以数据为基础、以多方主体协作为纽带，共创高端价值生态体系。直播、私域、社群成为三大"必争之地"，截至2022年12月，我国网络直播用户总规模达7.51亿，占网民整体的70.3%；有71%的广告主已经使用私域流量进行创新营销活动；56%的广告主开始进行社群营销。元宇宙对数字营销领域的渗透更加深入，虚拟人物、虚拟空间、虚拟藏品等三大方向取得了较大成绩，支撑元宇宙大范围发展的技术生态、内容生态、

---

① 习近平：《高举中国特色社会主义伟大旗帜 为全面建设社会主义现代化国家而团结奋斗——在中国共产党第二十次全国代表大会上的报告》，中国政府网，2023年8月31日访问，https://www.gov.cn/xinwen/2022-10/25/content_5721685.htm。

社交生态三大生态体系框架已经初步形成。从变化之处来看，部分行业巨头大幅削减营销支出，中国数字营销由精准营销向智慧营销转型。

程序化广告是中国数字营销传播的主力军。在市场规模方面，2022年中国程序化广告市场规模持续扩大，直接程序化成为主流；多屏移动程序化增长显著，短视频类成长迅速。在产业链方面，技术迭代改进，程序化广告效果继续提升；注重用户体验，创新了多元化产品矩阵；广告主预算变化，追求高性价比投放。在产业生态方面，媒介资源互通，构建起闭环技术生态圈；打破固守之地，各方均寻求站外流量；投放偏好明晰，集中于电商/短视频/社交广告。在产业规范方面，国家加大市场监管力度并持续推进反垄断，更加注重对程序化购买的安全性与透明性做出规范。

元宇宙营销与虚拟数字人营销是本年度数字营销发展的热门领域。2022年，中国元宇宙营销传播实现了由虚构概念向初步实践的有益转化，迎来了一次全方位、多主体、开创性的革新尝试。各级政府理性看待新兴技术，审慎地将元宇宙纳入地方政府工作报告与相关产业规划当中，为元宇宙在中国营销传播领域的长足发展营造了优良的政策环境。各行业积极拥抱元宇宙营销传播，依据行业属性为元宇宙这一社会想象注入现实内容。学术界则围绕中国元宇宙营销传播开展了大量探索式研究，积蓄了众多有价值的理论养料。虚拟数字人是指存在于虚拟世界中，由计算机图形学、图形渲染、动作捕捉、深度学习、语音合成等综合技术手段打造出的一种智能化产品，它具有多重人类特征，并且会模拟人的行为。从实践层面来看，在机器与人类结合、物质与非物质交融之下，虚拟数字人已成为新的人机交互形式，或将成为人类的重要存在方式。2022年，国家进一步支持虚拟数字人的产业生态建设，在中央全力推进数字化进程的基础之上，地方也开始着力推动虚拟数字人产业的发展，产业链快速完善，形成全域营销新模态。"虚拟人+"拓宽赛道，跨界联动成为新风向。AIGC（人工智能生成内容）探索服务边界，行业迎来新赛点。国内各大科技巨头下沉运营，马太效应逐步显现。

跨界营销、数字展览等大量使用数字技术的营销传播形态平稳发展。在新形势之下，2022年国内的跨界营销呈现出一些新的面貌与特征，主要包括：（1）聚焦社会话题，触达公众情绪；（2）融合数字技术，打造营销矩阵；（3）"互联网+"拓宽跨界维度，异业品牌深耕文化共创；（4）场景设计成为竞争核心，社交场域提升营销效果；（5）打造用户型企业，推动品牌年轻化。数字展览在中国正以多种形式呈现和普及推广，但仍处于起步阶段，需要向更完善和更专业的方向行进。未来，数字展览市场有望成为文化创意产业的重要支柱之一，并对社会的经济和文化领域产生深远影响，政府、企业和文化机构会为数字展览提供更多资源和支持。

2022年中国广告伦理治理研究具有三项特点：一是拓展了中国广告伦理治理的研究视域，完善了广告伦理治理的理论架构；二是关注广告新业态，探讨广告伦理问题；三是聚焦应对之策，多角度探讨广告伦理治理策略。在广告伦理治理的实践方面，政府监管持续发力，政府利用行政、制度、法律、技术等多种治理工具的协同实现高效管控，聚焦于信息内容审核、生态治理、数据安全和个人信息保护、直播带货、明星代言规范化、未成年人保护等受社会各方关注的议题，对新业态负面风险与实质性危害进行规制，保障行业发展与多元利益平衡。行业自治日渐增强，通过举办不同层次广告审查法律法规培训班、举办各类研讨会、积极开展技术标准研究、加强与政府的合作等举措，强化了行业自治。公众投诉渠道渐增，常见的有国务院客户端、12315网站等政府平台，重要的互联网平台如今日头条、腾讯等各种信息流广告平台也自行设置了网络广告投诉入口，以弹窗、操作指引界面等提示，引导公众学习认知。舆论监督有效配合，在对于伦理失范广告的舆论监督中，"散布性+专业性"的媒体道德监督矩阵发挥了重要的舆论监督作用，并于其中相互扩散渗透。技术防范渐受重视，2022年，行业协会、头部平台等多方采取了多种技术工具，对隐私侵犯、抄袭侵权、流量劫持、算法黑箱、运作壁垒、消费异化等伦理风险加以防范。除此之外，广告伦理治理的相关学术会议议题更为前沿，相关讲座更为专业。

计算广告隐私保护是目前我国广告伦理治理的焦点问题。2022年，国内业界和学界关于计算广告隐私问题的探讨和举措具有四个特点。其一，国家监管重拳出击促使行业更加规范发展，立法讲"规矩"、行政严执法。其二，隐私保护对计算广告产业产生重大影响，"数字主权"问题越来越受到关注，如何平衡好用户隐私保护与广告投放效果之间的权益与利益，是每个广告主需要认真思考的问题。其三，数据隐私的法律法规越来越严格，数据的跨域传输也存在比较大的风险，这给目前互联网的"采—传—存—算"模式提出了很大挑战，新技术的出现为隐私保护提供了无限可能，各行业巨头均在抓紧布局隐私计算技术。其四，隐私悖论解决方案的探讨正式提上议程，学术活动日益活跃、学术成果不断涌现，隐私伦理体系已现雏形。

营销传播的根本目的在于增进社会福祉，这与维护公众利益、强化公益传播的目标相一致。公益广告是公益传播的重要代表，本年度中国公益广告事业充分体现了高质量发展愿景并采取了切实行动，所取得的显著成效主要有以下方面。（1）产业规划绘就公益广告事业高质量发展宏图，公益广告的数字化与智能化进程加速推进，公益广告传播中华优秀文化的使命更加明确。（2）标志性公益广告活动精彩纷呈，全国公益广告事业高质量发展的步伐更加稳健。（3）各大互联网平台企业积极承担社会责任，充分发挥平台的资源优势和技术优势，努力探索数字公益传播新方式，动员多种社会力量共创公益广告高质量发展新图景。（4）我国公益广告创作兼备宏大叙事与微观细描，展示出多元、生动、创新等特质。（5）全国广告学界对公益广告的研究取向愈发贴合智媒语境，公益广告科研工作保持良好发展态势。

二 2022年中国营销传播存在问题

2022年中国营销传播也面临着与高质量发展要求相背离的诸多问题，需要引起高度重视并加以妥善解决。

在数字营销传播方面。高度不确定性的外部经济环境变化导致行业波动频繁，国内企业的营销支出增长速度明显放缓，营销投资信心不足。网络用户增长速度降低，流量红利趋于见顶，营销效率提升困难。《中华人民共和国个人信息保护法》施行之后，数据获取难度增大，适应于新数据环境的技术支撑条件尚不成熟，流量碎片化、数据孤岛等行业共有问题一直未能得到有效解决。元宇宙技术创新缺乏资金支持，数字营销活动或产品当中的技术应用同质化较为严重。中国电商直播行业在快速发展的同时，仍面临着品质监管困难、配套基础设施与服务不完善、专业直播电商人才短缺、直播平台管理系统不完善以及利益分配矛盾与竞争加剧等多方面的不足。私域营销则有获客渠道单一且运营成本高昂、用户黏性弱且互动性差、数据闭环不完整且精细化运营程度低、私域与公域数据整合不够、服务商及技术人才水平参差不齐等缺陷。社群营销虽蓬勃生长，但目标受众有局限、内容质量高下不一、运营成本高企、评估与量化难度大、意见领袖与社群氛围管理困难，而且具有较高的法律风险。

在程序化广告方面。广告主信心指数有所回落，对营销预算更为谨慎。巨头企业割据、中尾部平台发展受阻，新进入者多采取低价策略导致竞争加剧、行业利润空间下降、客户资源分散，独立第三方广告平台较难在国内市场长期生存或持续获得较好利润回报。

在元宇宙营销方面。元宇宙在一定程度上模糊了虚拟和现实的边界，严格统一的制度共识还未形成，用户言行失范，社会伦理、数据隐私遭受挑战。在元宇宙带来的高沉浸感体验之下，用户如何避免产生精神依赖、区分虚拟与现实，是行业亟待解决的问题。当下聚焦于元宇宙营销传播的研究多从品牌方或者平台的角度出发，消费者的地位和作用等体现不足。

在虚拟数字人营销方面。由于成本控制、商业化运用场景等原因，目前虚拟数字人的形象相似、服饰撞衫、技能雷同等现象频繁出现，虚拟人产品同质化程度较高。随着虚拟人产业的快速增长，虚拟人产业与其他产业的交叉融合不断加深，行业制作及应用标准、可信数字身份治理体系、数据安全体系等的建设刻不容缓，行业监管及治理法规亟待深化。

在广告伦理治理与个人隐私保护方面。2022年国内不断曝出企业用户数据恶意泄露、恶意使用事件，原生广告的数据隐私侵犯问题有恶化趋势，企业自律有待提升，个人隐私保护迫在眉睫。广告伦理治理研究目前也具有五种不足：一是研究多以问题导向为出发点，对消费者伦理感知的研究相对薄弱，可能导致对广告伦理问题的认知出现偏差；二是由于时间、资源和"商业秘密"借口等限制，缺乏从企业内部视角的深入调研；三是对于新技术发展下的营销传播形态及其伦理问题、伦理治理的讨论还不够深入；四是研究较多停留于描述性层面的分析，缺乏对广告伦理问题的深入思考，体系化建构有待加强；五是跨学科研究成果较少，研究同质化现象较为严重，伦理治理研究的创新性成果不足。

三 中国营销传播高质量发展趋势与对策建议

数字营销进一步深入各个行业，中国数字营销应用范围将继续扩大，其本身也将被人工智能重构，AIGC很有可能会成为下一阶段数字营销的核心，承担数字营销产业链中的部分任务以改进营销模式、提高营销效率。国内数字营销的侧重点将由传播获客转移至强化用户运营全过程交互、提升用户体验等方面。应该对2023年中国数字营销的发展抱有期待，同时也要做好延续2022年低迷状态的准备。

在程序化广告方面。应加大市场监管力度与持续推进反垄断，关注数据安全、数据造假及伦理问题，注重程序化购买的安全性与透明性，深入探索程序化广告的创意与场景突破，不断提高程序化广告的技术与应用创新。

在元宇宙营销方面。应结合多元视角思考用户、法律、伦理等重要因素，以及元宇宙营销传播中的"变"与"不变"，多方合力推动元宇宙向更高标准更高质量发展。未来的实践及研究可以思考在元宇宙当中，消费者与品牌的关系、消费者行为和消费者心理是否与现实生活保持一致，元宇宙营销传播中的品牌方和平台是否产生变化、如何变化、为何变化，并进一步关注用户发展、用户增长、用户体验、用户关系等问题。

在虚拟数字人营销方面。元宇宙背景下 Web3.0 将成为营销新媒介，AI 和 CG 构成下一代互联网核心。随着虚拟数字人生成及直播技术的成熟和成本降低，数字人的应用会越来越普及，数字人"同质化"或将更加严峻，更加考验企业的内容策划和运营能力。虚拟人产业与其他产业的交叉融合不断加深，行业制作及应用标准、可信数字身份治理体系、数据安全体系等的建设迫在眉睫，行业监管及治理法规亟须深化，对于虚拟人直播、演出等场景也需要进一步监管。

在跨界营销方面。品牌跨界不仅是品牌发展的选择，更是业态融合的基础。利用各类智能交互技术，谋求数字化转型，与其他相关产业领域进行互动交流，巧妙借助数字技术赋能跨界营销，是实现数字经济与实体经济深度融合的有效路径之一。

在数字展览方面。线下展览限制逐渐放开之后，线上+线下的组合将可能成为大型展会的主要展览形式。数字展览将利用数字化技术，进一步注重用户体验和互动性，加强与数字供应商的合作，加强元宇宙重要场景的使用，融入城市品牌宣传。数字展览有望成为文化创意产业的重要支柱之一，并对社会的经济和文化领域产生深远影响。

在广告伦理治理与个人隐私保护方面。在发展实践上，行业组织在广告伦理治理领域大有可为。首先,行业组织应继续通过市场力量构建行业伦理治理标准,加强行业内部的统一引导,为国家广告伦理治理标准的出台与完善、各相关组织的具体工作提供协助指引。其次,广告行业组织在伦理治理实践中应继续加强与政府的合作,对于优秀行业成员给予政府认定,同时建立规范、专业的评价体系,增加伦理问题的治理权重,树立行业组织的信誉及社会形象。目前企业内部自律机制的建立与健全尚有较大的提升空间,需要重视组织机构建设、加强伦理规范培训、建立企业内部伦理引导制度、进行伦理课程教育、加强企业文化建设。另外,需强化伦理法规课程在各类教育当中的开设力度。在理论研究上,应从四个方向进行突破:一是采取多样化研究方法,丰富广告伦理的研究范式;二是积极回应新技术挑战,深化新技术背景下的广告伦理及其治理研究;三是树立系统思维,探讨数智化时代广告伦理治理体系的创新;四是丰富跨学科研究视角,产生学科融合效应。

四 结语

中国营销传播的高质量发展,必须很好地满足人民日益增长的美好生活需要,是体现新发展理念的发展,是创新成为第一动力、协调成为内生特点、绿色成为普遍形态、开放成为必由之路、共享成为根本目的的发展。从供给看,中国营销传播的高质量发展应该推进产业体系进一步完善,生产组织方式网络化智能化,企业的创新力、需求捕捉力、品牌影响力、核心竞争力加强,相关产品和服务的质量提高。从需求看,中国营销传播的高质量发展应该不断满足人民群众个性化、多样化、不断升级的需求,这种需求又引领供给体系和结构的变化,供给变革又不断催生新的需求。从投入产出看,中国营销传播的高质量发展应该不断提高行业当中的劳动效率、资本效率、土地效率、资源效率,不断提升科技进步贡献率,不断提高全要素生产率。从分配看，中国营销传播的高质量发展应该实现投资有回报、企业有利润、从业者有收入、政府有税收，并且充分反映各自按市场评价的贡献。从宏观来看，中国营销传播的高质量发展不仅意味着优化产业空间布局，保证产业平稳发展，还应该帮助实现全社会的生产、流通、分配、消费循环通畅，以更高站位、更宽视野、更大力度来谋划和推进新征程经济建设工作，谱写新时代精神文明建设新篇章。

我们相信，在党对中国营销传播发展工作的坚强领导和社会各界力量的共同推进下，《"十四五"广告产业发展规划》提及的十项重点任务必会如期完成。本书编写组将不忘初心，坚持正确导向、坚持服务大局、坚持新发展理念、坚持创新驱动发展，以推动中国营销传播高质量发展为主题，弘扬社会主义核心价值观，不断提升报告品质，为推进经济行稳致远、社会安定和谐、全面建设社会主义现代化国家做出新的更大贡献。

中国广告伦理治理研究与实践年度发展报告（2022）

杨先顺* 薛凯丽** 熊恒晓*** 陈 雨****

摘 要：本报告对2022年中国广告伦理治理的研究、实践、教育等情况进行了回顾与分析，认为2022年中国广告伦理治理研究具有3项特点和5项不足，应从4个方向进行突破；在广告伦理治理的实践方面，政府监管持续发力、行业自治日渐增强、企业自律有待提升、公众投诉渠道渐增、舆论监督有效配合、技术防范渐受重视；伦理法规课程的开设仍有提升空间，相关学术会议的议题更为前沿，相关讲座更为专业。

关键词：广告伦理；治理；技术伦理；伦理教育

Abstract：This report reviews and analyzes the research, practice and education on governance of advertising ethics in China in 2022. It holds that

---

* 杨先顺，暨南大学新闻与传播学院广告学系教授、博士研究生导师，中国广告协会学术与教育工作委员会常务委员会副主任。
** 薛凯丽，暨南大学新闻与传播学院博士研究生。
*** 熊恒晓，暨南大学新闻与传播学院博士研究生。
**** 陈雨，暨南大学新闻与传播学院博士研究生。
本文系国家社科基金项目"大数据营销传播的伦理治理体系研究"（项目编号：19BXW100）系列研究成果之一。

the research on governance of advertising ethics in China in 2022 has three characteristics and five deficiencies, and should be improved in four aspects. In the practice of advertising ethical governance, the government regulation continues to be strengthened, the industry autonomy is increasingly enhanced, the enterprise self-discipline needs to be improved, there are more channels for public complaints, public opinion supervision achieves an effective match, and the technology prevention is gaining more attention. There is still room for improvement in the establishment of ethics and regulations courses, the topics of relevant academic conferences are more cutting-edge, and related lectures are more professional.

Keywords：advertising ethics；governance；technology ethics；education in ethics

2022年党的二十大胜利召开，提出全面建设社会主义现代化国家、全面推进中华民族伟大复兴，为中国的未来发展指明了方向。在此背景下，中国广告伦理治理上升到国家治理体系和治理能力现代化的高度，并将为中国式现代化建设和中国经济的高质量发展做出积极贡献。回首2022年，中国广告伦理治理无论在理论研究层面还是在实践举措层面，都取得了长足进步和重要成效。

一 2022年中国广告伦理治理研究状况

智能广告时代，大数据、人工智能等技术在广告和营销领域的应用，在带来机遇和成果的同时，也引发了一系列伦理问题。因此，中国广告伦理治理研究成为当下的重要研究议题，包括广告伦理、数字营销传播伦理、大数据营销传播伦理、智能营销传播伦理、元宇宙营销传播伦理等。

以主题为"广告"并且包含"伦理"，或者"营销"并且包含"伦理"为检索词，在中国知网期刊数据库进行文献检索（文献发表时间为2022年1月1日至2022年12月31日），剔除报纸文章和不相关论文，可以获得39篇有效文献。其中，与广告伦理、营销传播伦理、数字营销传播伦理、大数据营销传播伦理、智能营销传播伦理等直接相关的论文分别有32篇、3篇、1篇、2篇、1篇。遗憾的是，通过在国家版本数据中心的查询，2022年并未出版与广告伦理、数字营销传播伦理、大数据营销传播伦理、智能营销传播伦理、元宇宙营销传播伦理等相关的专著。

（一）2022年中国广告伦理治理的研究特点

1. 拓展研究视域，完善广告伦理治理的理论架构

有学者在研究广告伦理问题的治理中引入新的视角，尝试建构广告伦理治理的新框架。杨先顺等认为在大数据营销传播中，要打破规则伦理学的固有范式，引入当代德性伦理视域，从治理目标、治理视角、话语构造、实践路径等角度建构大数据营销传播伦理治理的新框架。[1]有学者采用历史考察的方式，拓宽广告伦理治理的研究视野。苏士梅通过对中国近代广告伦理研究的媒介图谱、知识主题、知识溯源的分析，厘清了近代广告伦理知识的生成路径和思想来源。[2]一些学者从人机关系出发，关注智能技术在广告中的应用，以及由此引发的人机生态的变化。皇甫晓涛等从身体伦理学的视角出发，结合莫里斯·梅洛-庞蒂（Maurice Merleau-Ponty）"身—心—世界"的理论，讨论了智能广告传播中身体伦理问题的表现和成因；[3]何志荣以行动者网络理论中的关系框架为思考原点，将人工智能广告之中的"人"与"非人"因素都纳入伦理主体的考量中，打破固化的主客体关系，突出强调技术物的社会意义。[4]一些学者结合实证研究方法细化了智能传播伦理研究的面向。杨先顺等运用实证研究方法，对智能营销传播中基于算法推荐形成的个性化广告场景下的"可供性浮现"展开研究，强调信任关系在营销中的重要作用；[5]辛自强等关注价值观营

销,运用实验法分析广告中"环境保护""孝顺父母""热爱祖国"三种"神圣价值观",认为"神圣价值观"的工具性使用,导致了"降低消费者行为判断时的伦理道德水平"等负面效应。[6]

2. 关注广告新业态,探讨广告伦理问题

在智能营销背景下,一些学者关注技术在广告行业的应用所带来的伦理问题。吕铠等分析了广告内容化的内涵、特征及其伦理困境,认为广告内容化忽视用户的广告知情权、侵犯用户的隐私权和广告接触选择权、消解新闻专业主义、损害新闻品质;[7]袁建认为广告内容的智能化生产,在提高广告的生产效率和传播效果的同时,也导致广告内容庸俗化、共情能力消减与公共性弱化等消极效应;[8]徐可论及数字广告、精准营销等广告形式建立在用户个体信息的采集上,数字市场的信息保护不足可能导致对个人信息的滥用,但是对于数据信息的保护也可能成为企业用以抑制竞争对手的工具。[9]有学者从类型化广告出发,探究其中存在的伦理问题。张兵等提到公益广告之中存在的歧视、暴力等问题,可能对弱势群体造成二次伤害;[10]苏士梅从"漂绿"广告的广告意涵、广告生态、认知遮蔽、治理创新等角度展开讨论,指出"漂绿"广告的本质是虚假宣传,在一定程度上误导消费者,导致消费者陷入消费陷阱;[11]张玮等关注手机虚假广告的生成因素及其治理方式,认为低成本、隐匿技术、开放主体、数据伦理缺失是虚假广告泛滥的重要因素;[12]王子昱对影视作品植入式广告的现状进行分析,认为影视作品存在植入数量过多、植入僵硬、要素过多等伦理问题,其形成的原因可归结于饭圈文化、监管滞后、质量与效益不匹配等因素。[13]

3. 聚焦应对之策,多角度探讨广告伦理治理策略

一些学者将中华优秀传统文化视为解决广告伦理困境的途径。苏士梅认为,"儒家的义利观和诚实守信的传统商业思想等中国传统伦理道德"是近代中国广告伦理的思想基础来源;[2]卢强在其文章中提出将中华优秀传统文化应用于公益广告之中,能够在提升广告品质的同时，提升价值传播和文化认同。[14]一些学者从伦理主体的角度出发，探寻伦理治理的主体责任。吕铠等就以原生广告为代表的广告内容化趋势所引发的伦理问题，提出构建政府、平台、行业和用户的多元主体协同治理模式；[7]杨先顺等将大数据营销传播从业者的道德意志培育视为"大数据营销传播伦理治理体系的一个重要环节"，强调儒家伦理思想在现代性中所发挥的作用，认为儒家"人文精神、社会交往一般准则、义利观"等内容为当下从业者道德意志培育提供重要的理论指导；[15]雷蕾采取基于行动者的计算机建模的研究方法，对互联网广告流量欺诈现象进行分析，强调"真正有能力与动机去治理的主要集中在大规模流量交易的媒体、平台、广告主及具有行业影响的协会等主体"上，将广告流量治理视角放置于顶层设计中，提出以交易市场方为基点、从改变交易生态着手的治理方式；[16]朱学芳等对虚假广告产生的原因进行分析，并从政府、行业、消费者等角度提出多维治理措施。[17]一些学者提出以技术为媒介，寻找解决广告伦理问题的可能路径。姜智彬等针对互联网广告中的数据安全问题，提出应将区块链技术运用至互联网数据安全问题的治理之中；[18]柳庆勇以区块链智能合约平台 AdChain 作为分析案例，认为其去中心化的技术特性有利于抑制数字广告流量造假现象。[19]

（二）2022 年中国广告伦理治理研究的不足之处

1. 对消费者伦理感知的研究相对薄弱

2022 年度广告伦理研究多以问题导向为出发点，对广告传播中的伦理问题进行探析，但是较少从消费者视角出发考察消费者对于广告伦理问题的感知。消费者是企业伦理问题界定的主体之一，其伦理感知和伦理判断是影响广告效果和品牌形象的重要因素，也会对消费意愿产生很大影响。忽视消费者的伦理感知，可能导致对广告伦理问题的认知出现偏差。尤其是使用互联网的老年人、儿童等弱势群体，对其广告接受、广告认知和广告信任进行考察，应成为广告伦理治理的重要议题。

2. 缺乏从企业内部视角的深入调研

广告从业者的行为和决策受到企业价值、市场需求、客户意见等多方因素的影响，从内部视角出发调研广告行业的伦理问题，有助于理解广告从业者的行为和决策背后的动机。然而，由于时间、资源和以无法泄露"商业秘密"为借口等限制，目前研究多从外部视角对广告案例进行伦理治理分析，鲜少深入企业内部去探寻广告生产过程中的伦理问题。例如，在广告制作、发布等环节中，是否存在伦理问题，广告人员是否对伦理问题有充分的认识和重视，企业是否有足够的伦理规范和监管机制等，这些都是需要深入调研的问题。

3. 对新技术下的广告伦理及其治理的研究尚须深耕

随着技术的发展，广告实践不断变化和创新，相应的伦理问题也逐渐显现。目前，学界对于新技术发展下广告形态及其伦理问题、伦理治理的讨论还不够深入。例如，个性化推送广告导致用户隐私和个人信息泄露，虚拟现实技术主导的沉浸式广告体验可能引发虚假宣传等问题。因此，广告伦理研究应该加强对新技术下广告实践及其伦理的分析，把握技术推动下广告行业的发展规律，聚焦广告伦理治理的痛点，深入了解新兴广告实践及其伦理问题的本质，以制定相应的伦理规范。

4. 体系化建构有待加强

随着计算广告、数字营销等新营销传播形式的发展，隐私侵犯、数据泄露等新型伦理失范现象层出不穷。伦理研究的目的是寻找解决伦理问题的路径，但当下的广告伦理研究较多停留于描述性层面的分析，缺乏对广告伦理问题的深入思考，容易陷入表面现象和功利主义的思维模式，忽视广告伦理问题的本质和深层次影响，难以实现宏观层面广告伦理的体系化建构，由此导致伦理研究同质化、伦理治理研究成果创新性不足等问题。同时，当下伦理治理的重点主要放置于事后积极伦理的建构和伦理意识的唤醒，伦理治理的方式也主要以国家机关的法律制定和监管为主,缺乏系统化的价值体系引导。

5. 跨学科研究成果较少

当下对于广告伦理的研究多集中于传播学、市场营销学等学科,导致研究视角相对单一,难以突破既有的范式和视野,无法揭示广告伦理的复杂性。广告行业涉及经济、法律、市场、传播等多方面因素,利益关联者包括广告主、广告公司、媒体、技术提供方、政府机构、行业协会和消费者等,如果只关注其中的一个方面,就无法把握广告伦理的全局性,也难以实现有效的广告伦理治理。

(三)中国广告伦理治理研究展望

1. 采取多样化研究方法,丰富广告伦理的研究范式

在智能媒介技术发展的背景之下,应借助广告效果、广告数据等信息和数据的可得性和易得性,采取问卷调查、深度访谈、内容分析、网络田野考察、案例分析等多样化研究方法,并通过与企业建立合作关系等方式,深入行业内部,对广告设计、广告执行、广告效果等生产流程进行考察,把握行业的风向标,探讨智能广告在行业中的应用及其所产生的伦理问题,为广告伦理及其治理研究提供新的范式。

2. 积极回应新技术挑战,深化新技术背景下的广告伦理及其治理研究

在5G、大数据、云计算、人工智能、增强现实等关键技术的推动下,智能技术已经被应用于消费者智能分析、广告智能创作、精准营销等广告制作流程中,技术的发展推动着广告行业的智能化变革,但也引发了相应的数据歧视、隐私侵犯、信息窄化等伦理问题。对于这些问题的观察和把握,为我们重新审视广告行业提供了新的思路。此外,技术变迁下人机关系的内涵得以延展,从内在主义视角来看,机器的概念及其意向性在推进人机关系的发展;从外在主义视角来看,机器对于人类行为及活动的影响发生变化,人机协同的运作方式将成为未来广告行业的主要模式。从人机关系的哲学视角把握广告的伦理内涵，厘清广告中的责任主体和道德主体，有利于探索广告伦理的发展趋势，为广告发展提供伦理指导。

3. 树立系统思维，探讨数智化时代广告伦理治理体系的创新

在数字化和智能化时代（简称数智化时代），须以系统思维深入思考广告伦理治理体系的创新，解决复杂的系统性问题。首先，确立多主体伦理责任。从政府、行业、从业者和用户出发，规定不同主体的伦理责任。其中，相关法律法规的完善与实施是广告伦理治理的重要保障。此外，应加强对行业及其从业者伦理价值的引导、伦理规范的建立和伦理素质的培养，提高行业的道德水准。其次，挖掘中华优秀传统文化，促进广告伦理治理与中国式现代化建设相呼应。广告在现代化进程中起到重要作用，但在计算理性下，广告的工具价值得以发挥的同时，其社会价值被削弱从而导致伦理问题的出现。广告伦理治理应汲取中华优秀传统文化的精华（特别是儒家伦理思想精华），把握"仁爱""诚信""公正"等价值观念的内涵，结合人文关怀、社会责任等原则，探寻广告伦理治理的新路径，从而促进广告行业的可持续发展，维护社会公共利益。

4. 丰富跨学科研究视角，产生学科融合效应

跨学科视角有利于突破单一学科视野下的局限性，丰富分析框架和方法，多维度深入探究广告伦理的本质，开辟学术研究的新境界。在广告伦理治理的研究中，一方面，可以借鉴哲学、心理学、社会学、法律学、经济学、管理学等多学科知识，开展整合式研究；另一方面，也应丰富研究方法和理论，促进范式融通，例如，对医疗广告、金融广告、保健食品等不同行业中关乎人们切身利益的产品广告及其伦理问题的探究，应吸收相关学科的理论和方法，开展更具针对性的研究。

二　2022年中国广告伦理治理实践

（一）政府监管持续发力

广告产业具有技术、文化、商业等多元属性，广告治理涉及中央网信办、国家市场监管总局、国家知识产权局、商务部、国家发展改革委等多部委的行政职能领域。作为数字经济的重要组成部分，完善广告产业的监管机制创新对于国家现代化治理、消费者权利保障、我国在国际商业竞争中的话语权提升、意识形态建设等方面大有裨益。2022年，在广告产业全面智能化的发展背景下，政府利用行政、制度、法律、技术等多种治理手段协同实现高效管控，聚焦信息内容审核、生态治理、数据安全和个人信息保护、直播带货、明星代言规范化、未成年人保护等受社会各方关注的议题，对新业态负面风险与实质性危害进行规制，保障行业发展与多方利益平衡。

2022年4月，国家市场监管总局出台了《"十四五"广告产业发展规划》，规划指出目前我国广告产业发展态势稳中向好，但重点领域广告违法问题易发多发，应特别注意新技术带来的法规滞后问题，为下一阶段广告伦理治理进行全面布局。2022年10月，按照中央宣传部文娱领域治理有关工作部署，国家市场监管总局会同中央网信办等七部门联合印发《关于进一步规范明星广告代言活动的指导意见》，鼓励有关行业道德委员会依法依规对明星广告代言等活动开展道德评议、评价活动，发挥道德约束惩戒功能，督促明星、企业、媒体开展自查整改，切实承担维护广告市场秩序的主体责任。

2022年，中央网信办先后出台或修订了《互联网信息服务算法推荐管理规定》《移动互联网应用程序信息服务管理规定》《互联网用户账号信息管理规定》《数据出境安全评估办法》《互联网弹窗信息推送服务管理规定》《互联网跟帖评论服务管理规定》《关于实施个人信息保护认证的公告》《互联网信息服务深度合成管理规定》等十余项管理规定，持续提出明确的数据、算法伦理治理要求。数据和算法是智能广告行业发展的基础要素。广告伦理治理的技术面向呈现出由伦理规范"软法"向政策法律"硬法"过渡的局面，这是对数据、算法伦理治理在广告场域建制化、法治化的进一步深化。政府部门基于风险管控思路，对广告伦理治理的技术功能、价值等要素加以综合研判，明确主体责任、监管模式和违规惩罚机制，对各级行政部门的权力、义务、统筹管理以及社会各方力量的协同联动进行了场景约定，通过立法、执法平衡产业创新与安全。

个性化广告是否合规仍是智能广告伦理研究的热点议题。《互联网信息服务算法推荐管理规定》的正式出台是具有标志性意义的伦理治理实践，其原则是将数据控制权归还给用户本人，用户可以选择"一键关闭平台个性化推荐服务"，打破了原先以平台为主导的信息分权结构。除国家层面的法规政策外，各地管理部门亦针对新传播技术下衍生的非典型广告活动及形式进行有效引导。上海市市场监管局印发《商业广告代言活动合规指引》，明确界定了广告代言人、广告代言活动及其负面清单；倡导开展代言活动的基本行为规范；对商业广告代言活动的相关主体提出了合规建议。江苏省市场监管局亦出台《商业广告代言行为监管执法指南》，对11种具体情形是否属于广告代言行为予以明确，并将以"种草"（网络流行语，指推荐好货诱人购买）等形式变相发布商业广告，导致消费者不能明辨其是否为广告等具有欺骗、误导性的代言行为列入负面清单。

此外，2022年我国政府通过专项行动、敦促自查整改等方式切实推进广告伦理治理工作。2022年"清朗"系列专项行动聚焦影响面广、危害性大的问题开展整治，具体包括"清朗·打击网络直播、短视频领域乱象"专项行动、"清朗·MCN机构信息内容乱象整治"专项行动、"清朗·2022年算法综合治理"专项行动等10个方面的重点任务。这些专项行动营造了风清气正的网络广告传播环境，对处在模糊地带的违法广告行为起到了震慑作用。

(二) 行业自治日渐增强

广告行业合法性的基础是绩效、价值、规制的正当性。相比政府监管，行业内部规范机制能以更高效率、更低成本发现问题所在，具有针对性和实效性的行业规范机制可以使市场行动者产生更强烈的道德意识，为广告伦理治理积蓄行业向心力。2022年，中国广告行业协会多措并举，强化了行业自治。

一是举办不同层次的广告审查法律法规培训班，共同构建满足行业需求的广告审查员队伍及制度体系。2022年9月14日至15日，"2022第一期全国广告审查法律法规培训班"在青岛举办；2022年10月28日至29日，中国广告协会、上海市广告协会在上海市共同举办"2022第一期全国高级广告审查法律法规培训班（上海）"，中国广告协会鼓励各广告经营单位将是否持有《广告审查员证书》《高级广告审查员证书》作为聘用相关岗位工作人员的重要参考依据，以培养实用性人才为目标，为广告行业发展提供人才支撑。2022年9月17日至18日，中国广告协会与浙江省网商协会在浙江省杭州市举办"全国互联网直播营销合规培训班"，市场监督管理部门专家、知名院校法律专家、知名企业法务专家等对《网络直播营销管理办法（试行）》及有关行政规章进行了解读，对直播带货合规要点以及网络直播营销中的典型违法案例等内容进行了讲解。

二是举办各类研讨会，深入探讨行业规范。2022年4月14日，由中国通信标准化协会、中国广告协会主办，互联网广告技术实验室（CDA Tech Lab）承办的"互联网广告数据要素流通与隐私保护研讨会"在线上召开。2022年4月24日，中国广告协会成功举办"移动互联网应用程序广告自律研讨会"，来自政府有关部门、消费者组织、行业协会、法学界、科研机构和互联网产业界的30余位专家和代表围绕《移动互联网应用程序广告行为规范（征求意见稿）》《移动互联网启动屏广告新型交互行为技术要求（征求意见稿）》两项标准及行业重点关注的问题进行了交流和讨论。

三是积极开展技术标准研究，加速形成我国数字营销技术标准体系。中国广告协会、中国通信标准化协会针对互联网广告展现形式和交互方式日趋多样的现实背景，联合出台了《移动互联网应用程序广告行为规范》《移动互联网启动屏广告新型交互行为技术要求》两项标准，为行业提供了具有可操作性的自律参照。

除行业培训、研讨之外，我们认为行业组织在广告伦理治理领域大有可为。首先，行业组织能够通过市场力量构建行业伦理治理标准，加强行业内部的统一引导。即联合学校科研机构、社会组织、头部企业等社会资源设立多维度的行业标准，对智能化广告中的行业术语、产业生态构成等进行科学规范。从技术、内容管理、经营、从业人员等多个维度构建行业标准体系，技术维度包含数据安全、数据应用合规、算法透明、隐私保护等；内容管理维度包括广告真实性、正向引领、网络环境构建等；经营维度包括企业社会责任评价等；从业人员维度包含大数据营销传播从业人员的职业种类和等级、能力要素、能力要求和评价办法等。通过可评价的指标体系，实现行业内部精细化广告伦理治理，为国家广告伦理治理标准的出台与完善、各相关组织的具体工作提供协助指引。

其次，广告行业组织在伦理治理实践中应加强与政府的合作，对于优秀行业成员给予政府认定，同时建立规范、专业的批评体系；开展大数据营销传播相关公司声誉评价，建立企业"红黑榜"公示制度，定期发布年度不良案例；打通与消费者联络的渠道，征集侵犯消费者利益的案例与营销事件；牵头搭建大数据营销传播背景下的企业社会责任指标体系，等等。这有利于增加伦理问题的治理权重，树立行业组织的信誉及社会形象，提升广告行业的行业地位。

（三）企业自律有待提升

以搜索服务平台、内容平台、社交平台、电商平台为代表的互联网平台已成为我国互联网广告营收主体，在内容治理、广告合规等伦理治理方面，平台型企业是第一责任人。从《互联网信息服务算法推荐管理规定》的出台到督促重点互联网平台整改算法不合理应用带来的信息茧房、算法歧视等问题，各大平台均以上线算法关闭键等方式呼应政策观照。2022年，除了在监管部门的指导下进行的广告伦理治理实践，各大平台还发挥主体能动性，在内部开展法规、典型案例解读，参加业内学术研讨会，并在广告经营管理、审核、举报受理机制等方面有所作为，不断优化广告合规机制。一是实现技术赋能创新，例如腾讯基于"太极"机器学习平台，使用混元 AI 大模型和腾讯广告精排大模型共同完善优化了广告理解、用户理解、广告和用户匹配的全流程，提升了广告主的推荐精准度和转化效率。[20] 二是对接国际，提升数据安全标准。例如，巨量引擎收到由美国注册会计师协会（AICPA）出具的 SOC 2 Type 1 报告。SOC 报告是国际认可的最严格的独立第三方数据安全报告之一，对企业的安全性、可用性、保密性及隐私性均有严格要求，通过该报告认证的企业用户，其安全及隐私保护能力均达到国际领先水平。[21] 但总体而言，目前企业内部自律机制的建立与健全尚有较大的提升空间，对此我们提出以下建议。

一是重视组织机构建设。平台或大数据营销传播技术公司可设立一个独立于现有职能部门，由伦理专家、技术专家、法律专家、公众代表等多元背景成员组成的伦理审查委员会，在发行新产品之前启动伦理审查，进行伦理风险等级评估，基于算法公平、透明性等维度，预防、识别、消除对基本价值观的背离，以主动披露方式将问题与其解决方案及时向政府主管部门和行业协会反馈。

二是加强伦理规范培训。应结合企业自身与智能营销传播中出现的问题进行重点分析，定期对企业内部员工尤其是技术人员和营销人员进行伦理规范培训，提升企业内部成员的伦理感知水平和行为规范水平，加强不同部门成员之间的交流和互动。

三是构建明晰的奖罚机制，建立企业内部伦理引导制度。可在企业组织中尝试设立伦理专门机构以及培训道德监督员，对员工的职业道德进行考量，根据其伦理和道德表现作出奖惩。推行算法责任制，对数据、算法进行审计，健全数据和算法服务提供者的责任体系。

四是进行伦理课程教育。企业应推动伦理课程建设，与高校、科研机构、行业协会、第三方组织等形成互动，结合各方优势补足自身短板，聘请学界专家、资深人士进入公司进行伦理教育，凝练伦理规则，通过项目合作等方式加强对具体伦理问题的认知。

五是加强企业文化建设。以企业文化为推动点，加强主体的道德意识，有效提升企业整体自律性。应结合企业文化建设推动企业伦理道德建设，将伦理理念落实到业务操作关键步骤中。管理层的个人道德表现对企业的伦理决策有着重要影响，因而也须同时加强企业管理层的道德建设。

（四）公众投诉渠道渐增

在数据主义主导下的计算广告中，公众权益稍有不慎就会受到侵害，小则影响个人权益，大则影响社会秩序。广告伦理治理实践需要公众的主动参与，这主要是指各方面社会成员以提供信息、发表意见、协商讨论、表达诉求等方式参与广告伦理治理的决策和行动。投诉是控制广告伦理失范行为最有效、最直接的方式之一。对于广告的伦理失范行为，公众可以通过投诉的方式来促进伦理秩序的完善。完善投诉通道是提升公众参与度与乐诉善诉的意识以及提高伦理治理效率的关键，也是法律规定营销传播主体必须遵守的行为规范。2022年出台的《互联网跟帖评论服务管理规定》提出，跟帖评论服务提供者应当建立健全跟帖评论违法和不良信息公众投诉举报与跟帖评论服务使用者申诉制度，设置便捷投诉举报和申诉入口，及时受理和处置跟帖评论相关投诉举报和申诉。

目前，公众投诉渠道逐渐增多，常见的有国务院客户端、12315网站等政府平台，重要的互联网平台如头条、腾讯等各种信息流广告平台，也自行设置了网络广告投诉入口，以弹窗、操作指引界面等提示形式，引导公众学习认知。公众在进入投诉通道时，将需要提交的信息和证明材料列清楚，平台便能够及时提供法律参考建议并帮助判断其是否构成侵权。

我们建议，在公众参与方面，可依托数字化技术实现治理方式和治理工具的创新，采取众包等形式挖掘公众力量，协同政府、平台开展治理运动，也可尝试通过各种激励方式增进公众参与深度，这不仅能够提升治理效率，亦能建立良好的互动信任关系。

（五）舆论监督有效配合

2022年出现了多起女性污名化广告事件，一些广告主以打"擦边球"作为引流噱头，有悖社会风气，招致广大网民反感，也受到媒体强烈批评。出事品牌或下架商品，或受到行政处罚，或发表道歉声明。这些事件的发展路径通常是由网民通过各种发声渠道表达对广告内容的愤慨，专业性媒体通过舆情监督对涉事企业恶劣行为进行纠偏，行政部门依法追究相关企业责任。

对于伦理失范广告的舆论监督，"散布性+专业性"的媒体道德监督矩阵发挥了重要的舆论监督作用，并在其中相互扩散渗透。"散布性"媒体即以自媒体以及信息流平台为主要传播媒介，在进行舆论监督过程中主要依靠个体引发群体效应。他们通过分散的个体信息反馈，使投诉信息被曝光、转发，引发话题讨论，从而获得意见领袖关注，并受到专业性媒体关注。"专业性"媒体具有权威性，通过搭建媒体舆论监督平台，接受个体或群体投诉，建立投诉排行榜、投诉年度报告等机制，对信息的真实性进行审核，或与政府政务部门联合进行信息共享，对伦理失范行为进行行政处罚，妥善解决伦理问题。[22]

舆论监督对保护消费者的权益、提升广告主违法成本、抵制行业内的不公平竞争以及维护社会良好道德风气起到积极作用。公共舆论的监督，能够在消费者、广告主、政府、平台企业之间创造权利的新共识。政府监管部门、行业协会、媒体平台企业应建立联动舆情监控系统，给予公民多渠道发声机会；作为舆论监督的主体力量，媒体要积极参与失范行为的道德批评与长效监督。构建"散布性+专业性"的媒体道德监督矩阵，有利于发挥官媒、社群、自媒体等多圈层媒体的道德监督作用，在舆论的发酵、扩散、生成等不同阶段给予正面引导，创造社会共识。

（六）技术防范渐受重视

从智能广告的生产流程来看，目前已经存在或潜在的广告技术伦理风险多集中在数据伦理和算法伦理两个部分，如隐私侵犯、抄袭侵权、流量劫持、算法黑箱、运作壁垒、消费异化等。2022年，行业协会、头部平台等采取了多种技术工具对伦理风险加以防范。

为打击互联网广告数据造假和作弊行为，2022年3月，中国信息通信研究院、中国广告协会、中国互联网协会联合46所高校、科研院所与企事业单位正式发起"数字营销质量与透明度提升计划"，该"提升计划"将依托互联网广告技术实验室（CDA Tech Lab）与12321网络不良与垃圾信息举报受理中心，开展数字营销产品能力测评、数字营销流量反欺诈测评、数字营销可见性测评、数字营销第三方自动化工具测评等具体工作，并定期发布测评结果。[23]

头部企业不断优化技术以实现技术发展和用户权益的平衡。例如，腾讯组成跨学科研究团队，于2022年1月发布了《可解释AI发展报告2022——打开算法黑箱的理念与实践》，全面梳理可解释AI的概念、监管政策、发展趋势、行业实践，并提出未来发展建议。[24]

我们认为，在智能广告（或智能营销传播）时代，技术防范的重点应放在对人工智能技术进行价值敏感设计（value sensitive design）

之上，也就是将人类的伦理价值和伦理规则融入人工智能技术，让算法具有道德判断与伦理决策的能力。

三 2022年广告法规与伦理教育情况

2018年出版的由教育部高等学校教学指导委员会编写的《普通高等学校本科专业类教学质量国家标准（上）》指出，设有新闻传播学类专业的高校应该根据各专业教学目标和任务，开设新闻传播学类基础课程，主要包括新闻学概论、广播电视概论、广告学概论、传播学概论、网络与新媒体概论、出版与数字出版概论、新闻传播伦理与法规、马克思主义新闻思想（或马克思主义新闻论著选读）、数字媒体技术、新闻传播学研究方法等。[25]

整体而言，我国广告学专业已经形成较为成熟的课程体系，课程结构也趋于稳定。接下来，我们主要从高校广告学专业开设"广告法规与伦理"或"传媒法规与伦理"或"传播伦理学"或"广告伦理学"等课程和举办相关会议讲座两个方面，进一步说明我国广告法规与伦理教育情况。

（一）课程开设情况

如表1所示，广告学专业核心课程可分为理论素养类课程、实务操作类课程、前沿类课程。其中，属于理论素养类的伦理与法规类课程具体包括信息政策与法规、传媒法律与法规、传播伦理学、新闻传播伦理与法规、中外广告管理法规与职业道德、媒介伦理与法规、新媒体文化与伦理、广告法规与伦理、广告伦理学、广告规范与数据伦理等，但伦理与法规类课程开设仍有明显不足。

表1　广告学专业本科核心课程构成

一级编码	二级编码	占比/%
理论素养类（54.20%）	新闻传播学类	27.29
	市场营销类	6.49
	广告学类	2.15
	品牌与公关类	4.44
	文学素养类	4.17
	艺术素养类	2.26
	数据分析与挖掘基础类	4.38
	伦理与法规类	2.33
	马克思主义新闻观	0.69
实务操作类（39.38%）	消费者行为分析与市场调研类	6.49
	创意生产类	24.62
	效果评估类	0.87
	媒介策略类	0.45
	媒介经营与管理类	6.53
	广告策划类	0.42
前沿类课程（6.42%）	前沿类课程	6.42

资料来源：周茂君，何江移．新文科背景下广告学专业核心课程设置与人才培养——基于国内48所院校本科培养方案的内容分析［J］．新闻与传播评论，2023，76（1）：114-128．

（二）相关会议和讲座举办情况

1. 学术会议日渐增多，讨论议题更为前沿

2022年10月22日，郑州大学新闻与传播学院、郑州大学传媒发展研究中心联合举办"算法向善与数字文明工作坊暨国家一流本科专业建设特邀报告会"。"算法向善与数字文明工作坊"包括特邀主题报告与"数字时代的广告向善""数据与算法治理"两个学术论坛。武汉大学新闻与传播学院张金海教授作了题为"广告向善的伦理学思考"的特邀主题报告。在"数字时代的广告向善"学术论坛中，郑州大学新闻与传播学院颜景毅教授、湖南师范大学新闻与传播学院曾琼教授等围绕"数字文明视域中的广告向善""元宇宙时代数字广告演

进研究——基于技术可供性的视角""智能广告内容生产人机协同模式研究"等主题进行报告。在"数据与算法治理"学术论坛中,郑州大学新闻与传播学院周鹍鹏教授、李惊雷副教授、常燕民副教授等围绕"数据反垄断治理""数据边界与隐私保护""网络谣言的社会危害与治理模式"等主题作了报告。[26]

2022年11月12日,由中国传媒大学广告学院承办的中国高等教育学会广告教育专业委员会第二届理事会换届大会暨2022年学术年会召开。暨南大学新闻与传播学院广告系杨先顺教授以"德性的追寻:大数据营销传播伦理治理的新视域"为题进行发言。他指出,随着技术及应用的不断创新,大数据营销传播的伦理治理也须因应变化、扩充视角、拓展视域,进而建议引入当代德性伦理学视域,并为大数据营销传播伦理治理提出了新的框架。

2022年11月25日至26日,由四川大学文学与新闻学院、韩国建国大学身体与文化研究中心共同举办的"人类与非人类的共生伦理"国际研讨会在云端顺利举行。四川大学曹顺庆教授、刘颖教授、王一平教授、庄佩娜副研究员等,与来自韩国建国大学、美国纽约州立大学奥尔巴尼分校、韩国成均馆大学、韩国庆熙大学、新加坡大学等多所世界高校的专家学者,围绕"人类与非人类的共生关系""现代技术与伦理思考"等议题作了线上报告。[27]

2022年12月3日,智能媒体与智能营销传播发展高端论坛暨第四届智能营销传播学术工作坊线上会议成功举办。复旦大学新闻学院朱春阳教授重点讨论了"智能营销的伦理治理"问题,认为智能营销是精准抵达差异化目标用户的天花板,呈现出前所未有的效率。同时,技术与平台的强势地位决定了其在伦理边界竞争中的主导地位。他还提出,吸纳用户与其他利益相关主体参与伦理治理,形成多行动者网络关系的均衡发展,是该领域伦理治理现代化的基本任务。[28]

2022年12月4日,由北京工商大学主办的"2022数智赋能与品牌创新"学术论坛成功举办。暨南大学新闻与传播学院广告系杨先顺教授作了题为"智能营销传播的信任维度及其机制建构研究"的演讲。他强调，人工智能传播信任在信任发生的基础、信任结构、信任边界方面都发生了变化。他同时提出，人工智能传播信任包含了人际信任、系统信任以及技术信任三个不同维度的信任层次。他认为可从构建与分享共同规范与伦理价值观的角度切入，突出重点、循序渐进地推进人工智能传播全周期的信任生态系统建设。[29]

2022年12月10日，由复旦大学国家文化创新研究中心与复旦大学新闻学院联合主办的"人类文明新形态与文化数字化战略"国际学术研讨会成功举办。在第一场专题研讨会上，浙江大学传媒与国际文化学院赵瑜教授以"人类文明新形态建设中的智能媒体及其伦理治理"为题发表演讲。她认为尽管数字文明尚处于起步阶段，却可从可编程社会、虚拟现实、算法文化三个维度把握其基本形态。她同时指出，数字文明中处处充满伦理的考量，数字文明不仅是技术景观，还充满变动的权利场域。[30]

综上所述，2022年有关"广告法规与伦理"的学术会议日渐增多。从会议主题或是演讲题目例如"算法向善与数字文明""德性的追寻：大数据营销传播伦理治理的新视域""人类与非人类的共生伦理""智能营销的伦理治理""智能营销传播的信任维度及其机制建构研究""人类文明新形态建设中的智能媒体及其伦理治理"等来看，智能营销传播伦理已成为国内学者高度关注的前沿性问题。

2. 相关讲座更为专业，思考具有前瞻性

2022年3月3日，清华大学新闻与传播学院陈昌凤教授在浙大传播大讲堂第261期主讲"新技术环境下的传播伦理问题"，主要内容为：数据主义的价值观；元宇宙：虚拟世界的价值观；社交机器人与"计算宣传"；算法伦理；信息茧房。[31]

2022年4月8日，北京大学新闻与传播学院举办了第二场"数字、人文与传播"年度系列学术讲座。美国得克萨斯大学奥斯汀分校信息学院人机交互实验室助理研究员、莫迪传播学院博士候选人贾宸琰的讲座题目是"智能时代信息传播中的算法决策和算法偏见"。在介绍智能时代算法决策在新闻信息传播中的应用及影响后,她探讨了人们在不同情境下对机器和智能系统的态度变迁,并阐述了对算法伦理、功能治理的看法以及如何进行跨学科合作从而减少算法偏见。[32]

2022年11月9日,天津师范大学新闻传播学院举行了广告学专业创立三十周年庆首场高端学术讲座。暨南大学新闻与传播学院杨先顺教授应邀作了题为"智能营销传播的伦理问题及其治理"的学术讲座。他认为智能营销传播的伦理问题有"七宗罪",即"智德"困局、人的异化、隐私侵犯、算法歧视、数据造假、流量劫持、"过滤气泡"(信息茧房),进而提出智能营销传播伦理治理的6条重要路径。

总的来说,2022年中国广告伦理治理研究进展,一方面体现出学界运用学术方法对当下广告法规与伦理问题的研究更为专业、聚焦;另一方面也表明了随着新技术的影响日益扩大,学者们的研究视角更为丰富多元。当然,由于种种原因,该领域的研究还存在着一些不足,这需要中国广告学界和业界共同面对,攻坚克难,勇毅前行,不断提升广告伦理治理水平,为全球广告伦理治理贡献中国智慧、中国方案。

【参考文献】

[1] 杨先顺,徐宁. 德性的追寻:大数据营销传播伦理治理的新视域 [J]. 当代传播,2022(5):46-50.

[2] 苏士梅. 中国近代广告伦理研究的知识图景:媒介镜像与主题脉络 [J]. 新闻与传播评论,2022,75(4):96-105.

[3] 皇甫晓涛,刁玉全. 智能广告伦理的"身体—技术"解析:基于知觉现象学的考察 [J]. 郑州大学学报(哲学社会科学版),2022,55(3):116-120.

[4] 何志荣. 从技术工具到行动者:广告智能传播的伦理主体再造 [J]. 未来传播(浙江传媒学院学报),2022,29(2):18-24.

[5] 杨先顺,莫莉.智能营销传播中基于算法推荐的个性化广告"可供性浮现"实证研究[J].新闻大学,2022(11):1-15,116.

[6] 辛自强,刘菲,穆昊阳.广告中"神圣价值观"工具性使用及其影响[J].新闻与传播研究,2022,29(2):97-110,128.

[7] 吕铠,钱广贵.广告内容化的传播伦理困境与协同治理[J].当代传播,2022(1):100-102,112.

[8] 袁建.广告内容智能化生产的核心内涵、实现路径与负面效应[J].传媒观察,2022(5):84-90.

[9] 徐可.数字广告市场中个人信息保护与竞争规制的协调[J].暨南学报(哲学社会科学版),2022,44(6):91-101.

[10] 张兵,刘传红.作为社会动员机制的抗疫公益广告[J].西南民族大学学报(人文社会科学版),2022,43(7):147-154.

[11] 苏士梅."漂绿"广告的生态治理:修辞偏向、生态型构与治理创新[J].编辑之友,2022(10):72-78.

[12] 张玮,张燕,郑海燕.互动传播视域下手机虚假广告成因及治理[J].当代传播,2022(3):92-94,100.

[13] 王子昱.影视作品植入式广告的问题与对策[J].传媒,2022(1):76-78.

[14] 卢强.中华优秀传统文化元素在电视公益广告中的表达[J].传媒,2022(3):75-77.

[15] 杨先顺,陈子豪.儒家伦理视域下大数据营销传播从业者道德意志的培育路径探究[J].新闻春秋,2022(5):66-74.

[16] 雷蕾.基于演化博弈的互联网广告流量欺诈现象的仿真实验与治理启示[J].国际新闻界,2022,44(4):96-115.

[17] 朱学芳,肖倩倩,朱鹏.互联网广告用户调查及虚假广告信息治理研究[J].情报科学,2022,40(9):98-106.

[18] 姜智彬,崔艳菊.区块链赋能互联网广告数据安全管理研究[J].当代传播,2022(4):95-98,108.

[19] 柳庆勇.基于区块链智能合约的数字广告流量造假治理机制及创新研究:以AdChain应用为个案[J].新闻大学,2022(11):16-28,116-117.

[20] 腾讯广告.太极助力,腾讯广告如何借大模型降本增效[EB/OL].

（2022-06-23）［2023-07-06］. https：//e.qq.com/latestnews/detail/？pid=7200.

［21］楼纯. 守护指尖上的安全，巨量引擎"商业安全开放日"在成都举办［EB/OL］.（2022-12-30）［2023-07-06］. https：//t.cj.sina.com.cn/articles/view/1700720163/655eee23020018efg.

［22］陈楚桥. 大数据营销传播的伦理问题及其道德舆论场建构［D］. 广州：暨南大学，2020.

［23］人民邮电报. 透明、真实、绿色："数字营销质量与透明度提升计划"正式启动［EB/OL］.（2022-03-15）［2023-07-06］. http：//www.xinhuanet.com/info/20220315/6a3c455495024c4093ff23db6597f761/c.html.

［24］可解释AI发展报告2022：打开算法黑箱的理念与实践［R］. 腾讯研究院，腾讯天衍实验室，腾讯优图，Tencent AI Lab，2022.

［25］教育部高等学校教学指导委员会. 普通高等学校本科专业类教学质量国家标准（上）［S］. 北京：高等教育出版社，2018：98.

［26］牛滢，刘昊. 算法向善与数字文明工作坊暨国家一流本科专业建设特邀报告会在"云端"举行［EB/OL］.（2022-10-31）［2023-07-06］. http：//www5.zzu.edu.cn/xinwen/info/1031/7699.htm#：~：text=2022%E5%B9%B410%E6%9C%8822%E6%97%A5.

［27］夏甜. 我院参与主办并举行"人类与非人类的共生伦理"国际研讨会［EB/OL］.（2022-11-29）［2023-07-06］. https：//lj.scu.edu.cn/info/1074/6434.htm.

［28］岳怀让，徐晓妍. 武汉大学智能媒体与智能营销传播发展高端论坛成功举办［EB/OL］.（2022-12-05）［2023-07-06］. https：//www.thepaper.cn/newsDetail_forward_21031296.

［29］杨先顺，莫莉. 人工智能传播的信任维度及其机制建构研究［J］. 学术研究，2022（3）：43-50.

［30］石鸣. 国际研讨会畅谈人类文明新形态，专家热议中国式现代化之路［EB/OL］.（2022-12-15）［2023-07-06］. https：//www.thepaper.cn/newsDetail_forward_21176470.

［31］浙大传播大讲堂第261期：新技术环境下的传播伦理问题［EB/OL］.（2022-03-01）［2023-07-06］. http：//www.cmic.zju.edu.cn/2022/0301/c35

555a2501884/page.htm.

[32] 蒋雪颖. 新闻与传播学院举办第二场"数字、人文与传播"年度系列学术讲座 [EB/OL]. (2022-04-08) [2023-07-06]. http://sjc.pku.edu.cn/info/1037/11874.htm.

中国公益广告事业年度发展报告（2022）

星 亮* 海 韵** 刘 影***

摘　要：本报告对2022年中国公益广告事业在产业规划、重大活动、价值共创、精品创制、学术研究等方面的发展状况进行了回顾和梳理，认为本年度中国公益广告事业充分体现了高质量发展愿景并采取了切实行动，取得了显著成效。

关键词：公益广告；高质量发展；中华优秀传统文化；数字公益传播

Abstract: This report reviews and sorts out the development of China's public service advertising in 2022 in terms of industrial planning, major events, value co-creation, creation of excellent works, academic research, etc., and believes that the achievement of public service advertising in China this year has been fully reflected the vision of high-quality development and has taken concrete actions, achieving significant results.

Keywords: public service advertising; high-quality development; ex-

---

*　星亮，暨南大学公益传播研究中心主任，暨南大学新闻与传播学院广告学系教授，博士研究生导师。
**　海韵，暨南大学新闻与传播学院2021级博士研究生。
***　刘影，暨南大学新闻与传播学院2022级博士研究生。

cellent Chinese traditional culture；digital public welfare communication

2022年，中国公益广告事业在产业规划、重大活动、价值共创、精品创制、学术研究等方面充分展现出高质量发展的愿景和实际行动，全国广告事业高质量发展取得显著成效。

一 产业规划绘就公益广告事业高质量发展宏图

2022年4月22日，国家市场监督管理总局出台《"十四五"广告产业发展规划》（以下简称《规划》），对全国广告产业的近期发展作了战略安排，其中，对公益广告在弘扬社会主义核心价值观与抗击新冠疫情中发挥的宣传引导作用给予了充分肯定，并对开展公益广告振兴行动、修订和完善《公益广告促进和管理暂行办法》、进一步拓宽公益广告的资金渠道、鼓励政府购买公益广告服务、加强公益广告作品知识产权保护等影响公益广告事业发展的重要方面进行了全面布局。《规划》明确提出了符合时代需求、具有切实意义的公益广告发展战略，包括建立面向社会的公益广告综合平台，以便实现作品征集、展示、分享、管理、评价一体化，促进公益广告作品资源和数据的互通共享，监督管理的简化提效。《规划》还提出了建设10~20个国家级公益广告创新研究基地的发展计划，并基于当下转型升级关键节点的发展需求，着眼未来，推行技术革新，实施"数字化+公益广告"行动；承接过往，强调传统传承，实施"中华优秀文化+公益广告"行动。这一系列具体措施进一步确立了我国公益广告事业的发展路线，为公益广告事业的深入发展赋予了强大的政策动力，使公益广告事业高质量、可持续发展的路径愈发明晰。与此同时，全国不少省份的市场监管部门也依据国家市场监管总局的广告业"十四五"规划，结合当地社会经济发展"十四五"规划，编制了当地的广告产业发展"十四五"规划，其中包含着有关公益广告事业发展的规划。例如，《浙江省广告产业发展"十四五"规划》提出实施公益广告发展计划,其中涵盖了搭建公益广告交流平台、建立公益广告创作研究示范基地、完善公益广告赛事比选制度等具体措施。计划到2025年,浙江省发布公益广告占发布广告的比例达3.5%,全省建立15个以上公益广告研究示范基地,每年全省各级组织不少于15次各类主题公益广告宣传活动。[1] 由此,从国家和省级单位两个层次,促进公益广告事业发展的宏伟蓝图绘就完成。

公益广告的数字化与智能化进程加快推进。鼓励广告产业技术创新与应用,深入推进广告产业数字化转型是《规划》的总体方针之一,在此基础上,《规划》强调大力发展"数字化+公益广告"的组合联动,强调充分发挥数字思维和利用互联网、人工智能、区块链、大数据、云计算等数字技术手段,创新公益广告产品和服务,引导支持建设数字公益广告研究创作基地等发展计划。受《规划》引导,同时为贯彻落实《关于推动上海市数字广告业高质量发展的指导意见》中将加强数字领域公益广告宣传列为主要任务之一的发展要求,上海市市场监督管理局在《关于做好推动本市广告业稳步复苏高质量发展工作的通知》中,强调引导支持辖区有条件的单位建设数字公益广告研究创作基地,探索建设公益广告创新研究基地。[2] 公益广告的数字化转型正在持续为公益广告事业注入活力。

公益广告传播中华优秀文化的使命更加明确。《规划》提出实施"中华优秀文化+公益广告"行动,推动公益广告提升中华优秀文化内涵,推动文化传承,弘扬中华传统美德,进一步明确了公益广告在传播中华优秀传统文化中所应承担的历史使命,对我国公益广告实践的发展产生了积极促进作用。作为践行这一规划的具体行动,"二十四节气"等一批中华优秀传统文化,被各级各类相关主体列为2022年度重大公益广告主题,央视和各地广播电视机构积极创制、播出了一大批包括"二十四节气"在内的优秀系列公益广告;2022年全国敬老养老助老公益广告作品征集暨展播活动顺利展开,征集了一批充分体现孝亲敬老传统文化的文明内涵和时代价值的优秀作品，并将其纳入"全国优秀广播电视公益广告作品库"，供全国各级广播电视机构下载展播，以此引导全社会关注和尊重老年人，推行尊老敬老的传统美德。诸如此类的实际行动深刻诠释了公益广告传播中华优秀传统文化的历史使命。

二　标志性公益广告活动精彩纷呈

2022年，在各相关主体的共同推动下，标志性公益广告活动精彩纷呈，全国公益广告事业高质量发展的步伐更加稳健。

2022年12月21日至23日，第29届中国国际广告节在厦门隆重举办，本年度广告节的公益广告颁奖单元，包括"中国国际广告节公益广告黄河奖"和"3·15消费者权益保护公益广告奖"两个奖项的颁奖盛典。本届黄河奖共颁发金奖、银奖、铜奖和优秀作品奖200余件，《盛世中华　接你回家》等7件作品获得视频类金奖，《快消失的非遗文化》等4件作品获得平面类金奖，《礼让斑马线　走出人情味》成为唯一获得音频类金奖的作品。《一声老师　一生老师》等16件作品获得银奖，获得铜奖的作品共有20件。《国华满天下》等3件作品分获公益项目（人物）传播奖和年度公益栏目奖。由重庆广播电视集团（总台）报送的作品《人民的英雄　英雄的人民》获得黄河奖组委会颁发的特别金奖。"3·15消费者权益保护公益广告大赛"是由国家市场监督管理总局主办，国家市场监督管理总局执法稽查局、中国消费者报、中国消费者协会、《中国消费者》杂志社联合承办，中国广告协会执行的全国性大型公益广告征评活动，自2018年首届赛事举办起，该颁奖盛典就纳入当年度的中国国际广告节公益广告颁奖单元。在本届广告节举办的第五届"3·15消费者权益保护公益广告大赛"颁奖盛典中，《别让利益蒙蔽你的眼》等4件作品荣获金奖，《别让"馅饼"变为"陷阱"》等8件作品获得银奖，《表里不一》等12件作品获得铜奖。"中国国际广告节公益广告黄河奖"和"3·15消费者权益保护公益广告奖"作为国家级公益广告奖项,连续举办多年,在表彰优秀公益广告精品的同时,更是从国家层面,为推动全国公益广告事业的高质量发展作出了重大贡献。

"全国广电公益广告扶持项目"是由国家广播电视总局主办的促进广电公益广告高质量发展的专项活动,迄今为止,已经连续举办了10年。自2013年以来,该项目累计扶持987件优秀公益广告作品、345家传播机构、33件创意脚本和69家组织机构。2022年度,共有87件优秀公益广告作品和80家机构得到该项目的扶持。与此同时,在该项目的牵引下,全国已有25个省级广播电视局设立了公益广告创作和播出扶持项目,公益广告大赛、专题征集展播等活动遍地开花,在数量与质量上均有显著提升,广播电视领域公益广告的高质量发展成效显著。截至2022年底,由国家广播电视总局建设运维的"全国优秀广播电视公益广告作品库"已累计收录800余件优秀公益广告作品,受到全国各级广播电视播出机构累计下载、播出近100万次。与此同时,已有20余个省级广播电视主管部门也建立了优秀公益广告作品库。据中国视听大数据(CVB)不完全统计,2022年全年,面向全国播出的18个央视频道、44个地方卫视频道累计播出3217条、1592267条次公益广告,平均每天播出4362条次,较上年度增加846条次;每个电视收视用户年均观看924条次,较上年度增加210条次;公益广告播出总时长达到13636小时,电视收视用户平均每天观看276.0秒,较上年度增加52秒,广播电视公益广告播出、收视量全面提升。[3] 国家广播电视总局广电公益广告扶持项目活动的社会参与度、传播力和影响力进一步扩大,为推动我国广播电视公益广告事业的高质量发展发挥了巨大作用。

由中央文明办、人民日报社、教育部、应急管理部共同主办,人民日报社政治文化部、人民日报传媒广告有限公司承办的"2022全国公益广告大赛",于2022年6月至10月举办。本次大赛以"以创意助公益"为主题，面向全社会征集主题多样、直抵人心的优秀公益广告作品，促进全体人民在理想信念、价值理念、道德观念上紧紧团结在一起，共同为美好生活而奋斗。本届大赛历时半年，征集作品5万余件，参赛作品数量和质量较往届显著提升，进一步推动了优秀公益广告创作，以精品公益广告引导社会关注关切，传递温暖温情，弘扬时代新风，培育文明风尚。大赛本着公平、公正、公开的原则，依据《2022全国公益广告大赛征集公告》，经组委会初评、社会评审和专业终评三个阶段评审，最终产生党政机构组、社会组、高校组、青少年组平面及视频类获奖作品共计102件，团体奖项32个。

除上述国家层面的标志性公益广告活动外，全国各级政府及有关部门也连续举办了一批大型公益广告活动，从更广泛的层面，进一步丰富了全国公益广告活动的内容和形式。2022年8月9日至11日，"第四届北京国际公益广告大会"在北京首钢园举行。本届大会以"公益同心，光影同行"为主题，活动内容包括系列主题研讨会、公益盛典、创意征集大赛、优秀作品展示展映等相关系列活动。该项活动由国家广播电视总局、北京市人民政府指导，中共北京市委宣传部、北京市广播电视局主办，是目前国内唯一由省级主体举办的国际性公益广告专项活动。该项活动的连续举办在国内外产生了较大影响，为进一步推动我国公益广告事业高质量发展作出了积极贡献。除此之外，全国各地还有由中共上海市委宣传部、上海市精神文明建设委员会办公室、上海市市场监督管理局、上海市绿化和市容管理局举办的"强国复兴有我"2022上海市公益广告大赛；广东省广州市开展的"强国复兴有我"主题公益广告征集活动；甘肃省金昌市围绕"共建健康家园 共享健康环境"主题举办的2022年金昌市控烟优秀公益广告征集活动；浙江省文明办、浙江日报报业集团联合举办的"讲文明 树新风"2022年度公益广告征集活动；内蒙古自治区开展的"'画'说文明——我最喜欢的公益广告"原创公益广告作品评选活动；海南省市场监督管理局、海南省精神文明建设指导委员会办公室、海南省教育厅、海南省旅游和文化广电体育厅联合海南省广告协会开展的2022年海南省优秀公益广告作品征集推选活动等一大批各种层次、各种类型的公益广告活动，在进一步丰富公益广告活动形式的同时，也从不同侧面为全国公益广告事业的发展作出了贡献。

三 多元主体共创数字公益传播高质量发展新图景

互联网平台不仅是推动我国数字经济发展的生力军，还是我国数字公益广告创新实践的积极倡导者和组织实施者。2022年，各大互联网平台企业积极承担社会责任，充分发挥平台的资源优势和技术优势，努力探索数字公益传播新方式，动员多种社会力量共创公益广告高质量发展新图景。

腾讯"创益计划"自2017年成立至今，始终致力于数字化公益传播实践，积极探索公益事业的价值共创。2022年，在中国广告协会的指导下，腾讯"创益计划"与"中国广告业大奖——公益广告黄河奖"大赛组委会联合设立"2022黄河奖——我是创益人数字公益创意大赛"。大赛旨在整合互联网平台的产品、技术和资源，动员创意、设计、内容创作以及公益组织、大专院校、品牌主等社会力量，通过"公益+科技+创意"的社会化共创机制，孵化优质的公益传播项目，提升公益议题的社会关注度，推动公益传播项目实效落地，创造可持续社会价值。该项活动设立了公益广告和公益设计两个创意类别，此外，还顺应年轻用户接触媒体的特点，在公益广告类别中增加了短视频内容赛道和整合营销传播赛道，以激发社会公众对公益项目的多样化参与，本年度的活动产生了积极的社会效益。在2022年度"9·9公益日"，腾讯推出"一花一梦想"模式，可以让参与者通过捐款、捐步和答题等方式领取爱心小红花，为自己关注的公益领域直接贡献力量；腾讯旗下手机游戏《王者荣耀》上线"播种峡谷，祈愿丰收"活动，号召玩家参与活动，获取小红花，进而助力乡村特色农产业；

同步推出的"守护石窟寺"系列策划,聚焦石窟寺的守护人、修复师背后的独家故事,邀公众一同守护传统瑰宝。这一系列活动不仅作用于公益筹款,更是通过社交互动持续扩展公益传播范围,培育大众公益文化。

字节跳动发挥公益平台力量,联动公益机构,汇聚公益仁心,于2022年9月举办了"9.5'DOU爱公益日'",以"开心做好事"为主题,邀请用户在抖音平台一对一地挑选愿意扶持的公益项目,并通过关注、转发、分享、参与公益任务,为所支持的公益项目赢取配捐。活动促进了众多企业、用户、百万粉丝达人等多元主体积极参与公益内容投稿,公益传播活动取得了显著的社会效果。与此同时,字节跳动还投入旗下直播平台的流量资源开展公益直播,吸引众多社会机构积极参与公益传播活动,其中,南京红山动物园发起的"守望季"抖音直播系列活动,形式新颖,引起社会广泛关注,公益传播实效显著。在字节跳动和巨量引擎联合发起的"公益创意季"活动中,由 TOPic & Loong 机构创作的"童心有价"公益广告短片,关注先天性心脏病患儿,以服装为线索串联孩子对未来的展望,引发了广泛关注。此外,抖音平台创作的"童心照相馆"互动特效公益广告,点赞量超 362.2万,公益曝光 26 亿,参与互动人次 1348 万,获公益募捐款 240 万元。[4] 活动还运用了巨量引擎"互动创新广告"的人脸识别、手势识别等 AI 技术,充分展现了数字公益广告的互动优势。

"95公益周"是阿里巴巴公司为"9月5日中华慈善日"专门打造的在线大型公益传播活动,因参与主体广泛、参与机构和人数众多,被称为"公益双十一"。自 2017 年创办以来,该项活动已连续举办多年,产生了积极的社会效果。在 2022 年度的第六届"95公益周"活动中,阿里公益除了设有较为成熟的企业和个人捐赠通道之外,还推出了全新的"爱豆养成体系",以虚拟 IP 形象"一颗发芽的'爱豆'"为主角,吸引用户参与"益起动、益起读、益起写、益起猜、益起跳、益起学"等多样化的泛公益活动,例如通过支付宝、淘宝等平台的"人人3小时"小程序的"益起读"功能来朗读书籍段落，帮助乡村留守儿童提升课外阅读效率；给予视觉障碍人士有声书籍的陪伴。或是通过捐步、答题等形式来获取"爱豆"，并将所获"爱豆"捐赠给指定的公益项目，让大家的"爱豆"最终转化成乡村儿童的操场、足球场和体育包，完成公益爱心的多节点、多样态传递。"爱豆"活动创新了数字公益传播活动的新形式，让公益行动更简单、更有趣、更有效，吸引了更多的年轻群体投身公益事业，为数字公益传播的高质量发展作出了有益的探索和实践。

2022年，微博公益持续发力，7月启动的"微博共益计划"共投入了3 000多万元的公益广告资源支持乡村振兴、应急救援等20余项公益传播项目。其中的线上公益传播项目"V爱助学计划"，携手公益机构、媒体、高校等众多主体加入"V爱助学联盟"，共同助力公益助学，为帮助经济困难学子继续完成学业、改善乡村教育条件作出了扎实的贡献；"公益反诈，一起发声"项目则聚焦网络诈骗的科普与预防工作，微博公益联合一众公益反诈联盟机构共同发声，围绕"如何识别打着公益幌子的网络诈骗"这一主题，传播公益反诈知识，同时还发起了养老反诈专项活动"让老年人远离诈骗"，联动众多公益机构、政务官微、大V参与传播养老反诈主题内容，向公众形象展示了养老诈骗的各类套路手段，起到了良好的警示作用；"一起云巡护"项目则聚焦环保领域，在"世界巡护员日"牵手多家环保机构带着微博网友以直播形式沉浸式体验巡护员的守护工作，了解生态环保第一线工作人员的坚守与付出。这一系列活动发挥了社交媒体的传播特性，在公益机构与公众之间以轻松有趣的方式架起了对话沟通的桥梁，进一步传递着人人参与公益行动的发展愿景。

各大互联网平台企业在数字公益传播领域的长期坚持和持续投入，为我国公益传播事业作出了非常重要的贡献，而其在数字公益传播领域开展的创新实践，则有效推动了我国数字公益传播的高质量发展。

四 公益广告创作精品迭出

2022年,我国公益广告创作兼具宏大叙事与微观细描,展示出了多元、生动、创新的特质。一方面,公益广告创作配合党和国家的重要活动、重大主题宣传、重要时间节点,以精良的作品服务大国复兴的伟大事业;另一方面,大量常规公益主题的公益广告以更为丰富多彩的创作手法,与宏大主题相呼应,立意深远、制作精湛、亮点纷呈。

2022年,全国各级各类公益广告创作主体紧扣时代脉络、紧贴主旋律,重大主题公益广告作品的创作迈向高质量发展新阶段。聚焦"喜迎党的二十大"这一重大主题,广西、四川、云南广播电视局联合举办了"喜迎党的二十大·我们的新时代"主题公益广告大赛,其中《壮乡春正好 潮起三月三》《我们的新时代》《留此青绿 共向未来》《广电台站党旗红》等优秀作品脱颖而出。另有《奋进新征程,建功新时代》《同心共筑中国梦》《不变初心,代代相承》等优秀作品被收录进国家市场监督管理总局优秀公益作品展示库。这一系列优秀作品彰显了家国情怀,弘扬了红色精神,为党的二十大顺利召开营造了良好的社会氛围。

在常规题材的公益广告作品创作中,同样诞生了一批关注时代议题、服务时代需要、记录时代成就的公益广告精品。获得全国广电公益广告一类扶持项目的作品《冰雪有你更精彩》,将中国传统元素融入冰雪之间,既展现了激情满满的冰雪盛宴,又呈现出冰雪运动融入人民生活的场景,充分传递了奥林匹克的激情与内涵;获得全国广电公益广告二类扶持项目的作品《虎年大吉》,将动画元素、实拍人物和喜庆场景巧妙融合,整件作品既有传统文化内核,又显灵动新潮,在营造春节欢乐氛围、传播优秀传统文化方面取得了良好的传播效果;在中国国际广告节公益广告黄河奖的评审中,获得黄河奖特别金奖的作品《人民的英雄 英雄的人民》,歌颂了2022年8月重庆缙云山大火事件中，自发投入灭火行动的重庆人民，作品通过摩托车驮物、人海接力的感人画面，彰显了重庆人民的无畏与伟大；被收录进"全国优秀广播电视公益广告作品库"的《致敬最美劳动者》，描绘了一系列基层工作者坚守岗位、恪尽职守的日常点滴，彰显着平凡中的伟大；助力乡村振兴，黄河奖获奖作品《带家乡走出家乡》《为热爱上场》等展现了乡村新面貌以及乡村振兴战略的实施过程与成就；着眼文化传承，黄河奖获奖作品《快消失的非遗文化》呼吁非遗保护，传承中华传统文化；宣扬绿色环保，《垃圾的循环》《不要让地球之伤，成为人类之殇》以不同角度倡导大众践行环保低碳生活，后者更通过水下舞蹈的艺术形式，展示了地球气候及海洋污染的严峻现状；放眼社会新议题，《数字新时代　美好新未来》关注国家大力发展数字经济战略，《拒绝网络暴力》《跨越数字鸿沟》《守住养老钱　安心度晚年》则呼吁关注互联网发展进程中的新问题。

本年度优秀公益广告作品的最大特征，就是作品在创作上的情感表现策略运用得更为纯熟。不少作品通过细腻入微地呈现人物情感，引发共情，触动人心，传递着力量与温情。这种对"细微之处见大爱"的提倡，从2022年黄河奖获奖名单中可见一斑。特别奖作品《你会怎么做》呈现了深夜的快餐店里，一位善良的女士默默地为困窘的老人点上一碗叉烧饭，既送去了温饱也顾及了老人的尊严，场景令人动容；金奖作品《和妈妈一样》则通过母女俩穿越数十年时空的情感传递，呼吁重视"老龄化社会"；同样斩获金奖的《盛世中华　接你回家》重现了抗美援朝志愿军奔赴战场的场景，再现了中国人民志愿军烈士遗骸回国这一庄严肃穆的时刻，将对英雄先烈们的敬佩之情与民族血脉传承的深刻情感表达到了极致。

一些小众议题的作品创作将更纯熟的情感策略运用展现得更为彻底。"黄河奖——我是创益人"大赛视频赛道金奖作品《月入过万智力障碍小哥——我不是你想象的那种智障》以当事人自述的形式，极富情感地展示了从小经历学习障碍与校园霸凌的轻度智障青年李世承，通过自身努力成为外卖员和视频博主，积极呼吁社会大众对患有智力残疾的困难人士给予更多的包容与关爱的故事，展现了与以往大众认知中不一样的智力残疾人士形象，视频播放量突破千万；同样斩获金奖的北京青爱教育基金会选送作品《月球上的明天》将目光投向"城市留守儿童"，通过展示女孩朵朵渴望忙于加班的母亲的陪伴而决定前往月球寻找母亲承诺中的"明天"这一纯真愿望，引发了众多观众的感慨与共情；银奖作品《罕见群演经纪公司》一改以往罕见病主题公益广告的沉重基调，展现了罕见病患者的理想志向与他们自信张扬的一面，传递积极的生活态度与强大的生命能量，一度成为"出圈爆款"。这一系列关注相对小众主题的公益广告作品以情感作为切口，观照社会中缺乏关注的边缘群体与议题，发挥了公益广告的共情效应与良善精神，也充分体现了更为积极的公益观念和公益广告作品的创新价值。

近年来，随着我国公益广告事业的发展，国内公益广告人的国际视野也愈加广阔，越来越多的公益广告作品积极参加国际顶级专业赛事，并通过这些顶级专业赛事展现中国公益广告的风采，发出中国的公益之声。2022 年，我国公益广告事业继续稳步迈向国际，诞生了一批既具有国际视野、国际思维、国际品质，又蕴含民族特色的优秀作品。在 2022 年戛纳国际创意节上，腾讯影业与敦煌研究院联合推出的《云游敦煌》运用最前沿的技术手段，重新演绎敦煌故事、传播敦煌文化，成功斩获了娱乐类银奖。由三星与第一企划（Cheil Worldwide）的北京、香港分支机构合作打造的《寻找失读症》（*Quest for Dyslexia*），携手本土游戏《少年名将》，聚焦患有阅读障碍症的中国儿童，在孩子们玩游戏的过程中，检测判断孩子是否存在阅读障碍的问题，唤起家长对儿童阅读障碍的重视与及时干预，其在戛纳国际创意节上斩获了移动类银奖、品牌体验和活动类铜奖，并在伦敦国际广告奖的创意数据使用类别奖中获得银奖。由三星与第一企划的北京、香港分支机构合作打造的《霸凌的代价》（*The Cost of Bullying*），则在伦敦国际广告奖、金铅笔奖、克里奥大奖、D&AD 大奖中均获得不俗成绩。此外，国产汽车品牌蔚来与 W 广告联合创作的《那路》(*The Road*)，以短片形式讲述了过去三十年间春节返乡之路的变化，作品涵盖故土情感、人际关系、社会议题等不同面向，荣获伦敦国际广告奖的品牌娱乐剧本短片类别金奖。这一系列优秀公益作品的获奖，既在国际舞台彰显了我国公益广告事业的不俗表现，也向全世界展现了中国公益广告的话语魅力。

五 公益广告科研工作保持良好发展态势

2022 年，全国广告学界对公益广告的研究趋势越发贴合智媒语境，理论研究愈加深入。一方面，全国各地学者积极将公益广告实践转化为学术成果，不断推进公益广告的理论建设；另一方面，公益广告研究者们广泛采纳创新性的理论视角，持续强化公益广告的理论积淀。

2022 年 9 月 30 日，全国哲学社会科学工作办公室对外公布了"2022 年国家社科基金年度项目和青年项目立项名单"，其中，南京财经大学姚杰教授负责的"社会主义意识形态短视频公益广告价值认同研究"（批准号：22BXW092）获得一般项目立项，保持了公益广告选题在国家级科研项目中持续立项的良好态势，从一定程度上反映了当前国内公益广告理论研究的质量与水平。

据不完全统计，本年度共有 2 本公益广告选题的学术著作出版发行。复旦大学新闻学院张殿元教授主编的《公共话语建构：数字公益广告中的"国家叙事"》，收录了上海第三届数字公益广告论坛中的精选论文，内容涵盖了国家叙事、创意传播、公共表达三个面向，为高校广告学师生与广告从业人员提供了极富理论价值的参考。中南财经政法大学新闻与文化传播学院教师李晓红所著的《中国新媒体公益传播研究》，则以互联网快速发展背景下的中国公益事业为考察对象，对其社会化公益的发展历程、发展原因及传播特点进行了研究，她还特别关注了新媒体技术在公益传播手段、传播理念方面引发的变革，对人们更好地认识和理解数字时代的公益传播大有助益。

学术论文发表方面，以"公益广告"为关键词，检索 2022 年收录于中国知网（CNKI）的公益广告研究论文相关数据的结果显示，2022 年共有 365 篇相关中文文献收录于中国知网。对相关期刊文献运用 CiteSpace 软件进行可视化分析后可见，以关键词"公益广告"为核心节点，形成了以"卫视节目""地方卫视""文艺节目""湖南卫视""东方卫视"为主的节点群（见图1），说明广电系统在我国公益广告实践中发挥着重要作用。而"大数据""短视频""交互性"等关键词，以及"融媒体""新媒体""媒介变迁"等节点，则揭示了"数字化"在公益广告理论研究当中所处的核心地位。从内容主题层

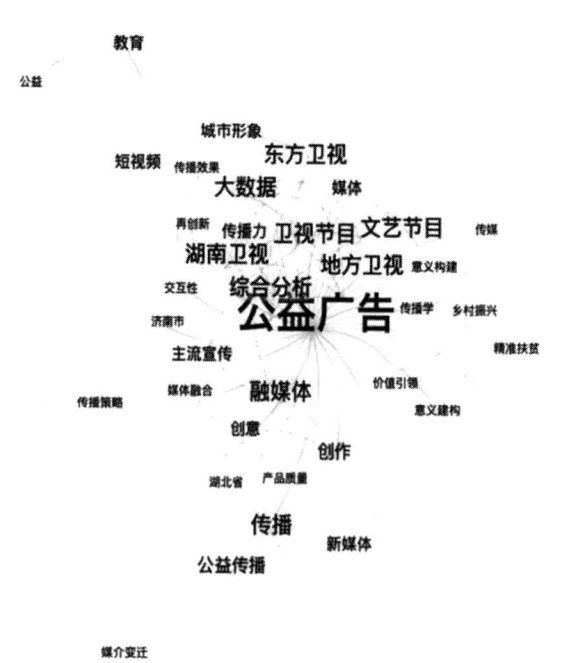

图 1　2022 年中国公益广告研究关键词共现分析图

面来看,"乡村振兴""精准扶贫""主流宣传""城市形象"是2022年我国公益广告研究关注较多的主题,体现了公益广告研究关注时代重大主题、服务时代发展需求的特质。

我们进一步整理公益广告期刊文献的重点议题关系,将研究领域重合度高的关键词进行集中后,可以得到2022年公益广告研究的重要议题关系图(见图2)。排名前7的聚类分别是"融媒体""综合分析""教育""公益传播""传播价值""党史教育""中国梦"。由此可知,公益广告的融媒体发展趋势逐步主流化,成为学术研究的重点领域。"党史教育"与"中国梦"是我国公益广告的核心议题,凸显了公益广告的政治传播价值与使命。

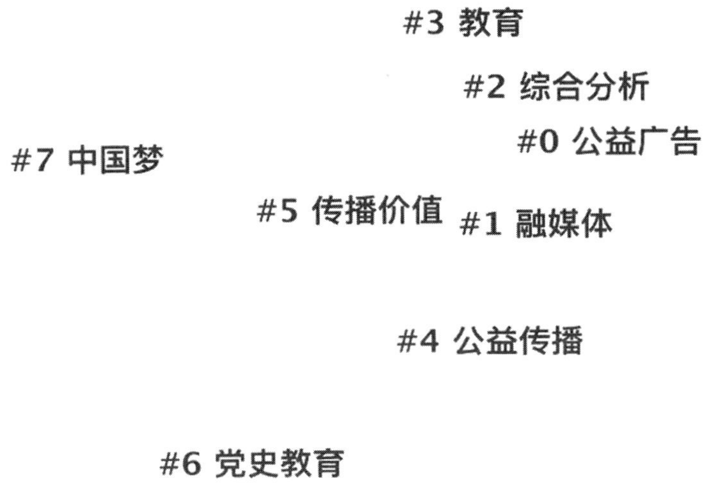

#3 教育

#2 综合分析

#7 中国梦　　　　　　#0 公益广告

#5 传播价值　#1 融媒体

#4 公益传播

#6 党史教育

图2　2022年中国公益广告研究重点议题关系图

回顾2022年的全国公益广告事业发展,国家有关部门、各级党政机关、社会公益组织、高等院校、企事业单位等相关主体持续发力,确保了全国公益广告活动的有序开展,产生了一大批优秀的公益广告作品,推动了公益广告理论研究的进步。多方主体踔厉奋进,共同为我国公益广告事业的高质量发展作出积极贡献。

【参考文献】

［1］浙江省市场监督管理局．关于印发《浙江省广告产业发展"十四五"规划》的通知［EB/OL］．（2021-05-20）［2023-07-06］．https://www.zj.gov.cn/art/2021/5/20/art_1229530739_2285193.html.

［2］上海市市场监督管理局．上海市市场监督管理局关于做好推动本市广告业稳步复苏高质量发展工作的通知［EB/OL］．（2022-07-26）［2023-07-06］．https://www.shanghai.gov.cn/gwk/search/content/2c984ad68234dd330182387616a0125e.

［3］李秋红．"年度观察"公益广告再现新亮点［EB/OL］．（2023-02-09）［2023-07-06］．https://baijiahao.baidu.com/s?id=1757306955016627951.

［4］数英网．童心有价：一件普通的衣服，对于他们来说并不普通［EB/OL］．（2022-05-04）［2023-07-06］．https://www.digitaling.com/projects/225049.html.

中国数字营销传播发展报告（2022）

李芙蓉* 周茂君**

摘　要：本报告从现有规模、综合环境、当前特点、变化趋势四个方面，总结了2022年中国数字营销传播产业的发展情况，简要分析了2022年中国数字营销传播行业遭遇的多重困境，并对2023年中国数字营销传播产业可能出现的趋势进行了预测。

关键词：数字营销传播；营销产业；数字经济

Abstract: This report summarizes the development of China's digital marketing communication industry in 2022 from four aspects, including current scale, comprehensive environment, current characteristics, and changes. Meanwhile, this article provides a brief analysis of the multiple dilemmas faced by the Chinese digital marketing communication industry in 2022 and forecasts the likely trends in 2023.

Keywords: digital marketing communications; marketing industry; digital economy

---

* 李芙蓉，武汉大学新闻与传播学院2021级硕士研究生。
** 周茂君，武汉大学新闻与传播学院教授，博士研究生导师。
本文系国家社会科学基金项目"中国新媒体广告规制研究"（项目编号：17BXW094）阶段性成果。

中国互联网络信息中心（CNNIC）于2023年3月发布的第51次《中国互联网络发展状况统计报告》显示，截至2022年12月，我国网民规模已达10.67亿，其中手机网民规模达10.65亿，互联网普及率已达75.6%，以上数据较2021年12月均有不同程度的提升。[1] 如此庞大的用户基数足以说明，大力发展基于互联网的数字经济对我国意义非凡。放眼全球，正如2022年1月国务院印发的《"十四五"数字经济发展规划》所述，数字经济发展速度之快、辐射范围之广、影响程度之深前所未有，正推动生产方式、生活方式和治理方式发生深刻变革。党的二十大报告也指出，要加快发展数字经济，促进数字经济和实体经济深度融合，打造具有国际竞争力的数字产业集群。[2] 因此进入"十四五"阶段，我国政府多次强调，发展数字经济是大势所趋，我国必须把握住新一轮科技革命和产业变革的新机遇，将发展数字经济作为核心目标之一，着力构建现代化的新经济体系。

2022年，我国数字经济发展迅速。本年度我国数字经济规模达到50.2亿元，同比名义增长10.3%，已连续11年显著高于同期GDP名义增速。[3] 在2023年4月召开的第六届数字中国建设峰会开幕式上，国家互联网信息办公室发布的《数字中国发展报告（2022年）》指出，2022年我国数字经济规模总量稳居世界第二，占GDP比重提升至41.5%，这一比重相当于第二产业占GDP的比重。[4]

以上数据均说明，数字经济正成为我国经济稳增长促转型的重要引擎，在数字经济全力加速的大环境当中，我国各类企业当前阶段面临的关键问题即在于数字化转型。数字营销传播是企业数字化转型的最佳切入点，更有学者认为数字营销传播将会成为中国企业未来数字化发展的核心。目前，学界对"数字营销传播"内涵的表述虽未达到高度统一，但已达成一定共识：数字营销传播是一类偏向于由技术驱动的营销方式，借助对各类信息、数据技术的综合运用来实现营销。[5]

与我国数字经济的整体高质量发展相适配，国内数字营销传播领域在近几年同样成长迅速，并根据社会发展进程不断进行多元化的适应性调整。本报告将从发展实况、优秀案例、多重困境以及趋势展望四个维度出发，对2022年度中国数字营销传播发展作出整体回顾与梳理，并预测2023年中国数字营销传播发展趋势。

一　2022年中国数字营销传播市场发展实况

2022年中国数字营销传播市场的总体发展较为平稳，虽受疫情影响，上升速度与扩张幅度并未达到2021年年末的预测水平，部分细分领域甚至表现出些许回落，但综合来看，2022年我国的数字营销传播市场仍表现出较大进步，与宏观经济稳中求进的整体态势保持一致。

（一）现有规模

1. 营收概况

在当前数字营销传播领域，数字广告是多数企业首选的营销形式。融文媒体实验室与全球市场营销顾问公司Kepios、全球性创意广告公司维奥思社共同发布的《2023年中国数字化营销洞察报告》指出，2022年中国品牌线上与线下广告的总支出约为1961亿美元，较前一年上升12.2%，数字广告支出所占的比例更大，高达81.8%。[6]秒针营销科学院联合GDMS与媒介360于2022年12月共同发布的《2023中国数字营销趋势报告》则显示，2022年国内数字广告市场表现一般，第二季度收紧状况最为明显，4月、5月、6月的互联网广告流量分别同比下降19%、21%、18%，1—11月互联网广告流量整体同比下降9.2%；2022年位于中国互联网广告流量前十的行业包括零售及服务、IT产品、美妆个护、食品饮料、休闲娱乐、母婴用品、医药保健等热门领域，其中休闲娱乐、医药保健、母婴用品三个行业的互联网广告流量降幅最为明显，分别高达32%、24%、22%，其他主流行业的数字广告流量也均有不同程度的下降。[7]

虽然 2022 年国内数字营销传播市场整体收缩，但数字营销传播发展的脚步并未停滞，数字营销传播细分领域数量不断增多，数字营销传播体系建设更加完善。[7] 电商运营、用户运营、广告投放、行业及消费者洞察是数字化应用程度较高的营销领域，2022 年数字化应用比例分别为 41%、36%、36%、31%，都较 2021 年的数字化应用程度有不同幅度的提升。然而，线下渠道运营、产品研发创新、创意与内容生产管理三个领域的数字化应用程度相对较低（均在 20% 以下），仍存在充裕的提升空间，未来的数字营销传播可能会在这些方向开拓新的突破口。

受整体社会环境的影响，2022 年中国企业的营销目标也发生了重心偏移。[7] 2021 年，有 88% 的受访广告主希望通过数字营销传播提升品牌形象、深化品牌印象，对品牌目标的重视比效果目标更甚。2022 年，想要通过数字营销传播达到提升产品销量目的的广告主占比明显提高，而想要通过数字营销传播实现品牌目标的广告主下降到 78%。综合来看，2022 年广告主的数字营销传播预算倾向"效果"目标。虽然仍有超过 60% 的广告主认为数字化时代的品牌建设十分重要，但在 2022 年，他们普遍选择了更为稳健的数字营销传播策略。

2. 产业图谱

2022 年 11 月第十届中国数字营销峰会上，《中国数字营销生态图 2022 版及解读报告》[8] 正式对外发布，本报告参考其中公布的数据对 2022 年数字营销传播产业的整体发展作简要分析。

《中国数字营销生态图 2022 版及解读报告》中的"2022 年中国数字营销生态图"依然延续了 2021 年的一级分类，将全部的企业赛道归为"服务和管理""数据和运营工具""触点和内容"三大维度。但二级分类在 2021 年的 16 类基础上有所增加，原有的位于三级细分赛道的"元宇宙营销"被提升到了二级。更进一步细分的三级赛道，则由 2021 年的 93 个增加到了 102 个，新增部分主要来自"元宇宙营销"和"社媒营销"两个二级分类。对"元宇宙营销"赛道的新增和细分充分反映了元宇宙给数字营销传播领域带来的巨大冲击,冲击的表象之下又蕴含着机遇和挑战。以元宇宙为基础的全新数字营销传播类别(形式)正逐渐成为各大数字营销企业吸引客户的亮点及优势,多个与元宇宙相关的数字营销传播案例"出圈"更是为品牌方提供了可参考的成功范本,元宇宙营销会在未来一段时间内重构当前数字营销传播领域的产业结构。而在"社媒营销"中新增的细分类别,则可视作对 2021 年原有的"社交平台"这一细分赛道的进一步完善扩充。

具体来看,在"2022 年中国数字营销生态图"中,"服务和管理"一级分类下共有 501 个有效企业赛道,较 2021 年增加 283 个;"数据和运营工具"一级分类下共有 398 个有效企业赛道,较 2021 年增加 104 个;"触点和内容"一级分类的增长个数最多,2022 年共有 992 个有效企业赛道,较 2021 年增加 451 个。以上数据均散发出数字营销传播产业正不断扩张的强烈信号,现有的数字营销企业不断开拓新业务,同时越来越多的数字营销企业开始重视业内声望、参与行业活动。

3. 营销投入情况

《2023 中国数字营销趋势报告》公布的数据显示,有 74% 的受访广告主认为,2022 年国内市场的整体营销投入较上年有所下降,仅 13% 的广告主认为国内市场的整体营销投入较上年有所增长。虽然这组数据反映的是受访者对于国内市场整体营销投入情况的主观判断,但至少在一定程度上表明业内人士对当年国内营销市场情况的非乐观心态。

在国内营销市场整体投入减少的大背景下,广告主在数字营销传播上的投入却并未减少。《2023 中国数字营销趋势报告》中的数据显示,2022 年,在数字营销传播上的投入占总营销投入不足 20% 的广告主比例大幅减少,仅有 26%;超过 32% 的广告主将总营销投入的 60%以上用于数字营销传播,其中 18% 的广告主在数字营销传播上的投入超过总营销投入的 80%。毫无疑问,数字营销传播已经成为多数企业在营销活动上的第一选择。

由于一些超预期因素对经济环境的影响，2022年整体营销投入的增速未达到预期水平。而基于疫情情况的不断平稳，2023年国内企业用于营销的投入将会增加，数字营销传播市场也很可能延续疫情前的发展态势继续扩张。

(二) 综合环境

1. 经济环境：高不确定性导致波动频繁

数字营销传播市场的运转无法脱离整体经济环境，而经济环境能否保持稳定则取决于政治、文化、生态等多方面的综合因素。2022年是非常复杂的一年，意外频频涌现。从国际形势来看，2月发生的俄乌冲突对全球政治经济局势产生巨大影响，给中国品牌的海外发展和国际营销带来挑战；从国内形势来看，新冠疫情不断反复，部分城市或地区的经济发展受限。可以说，2022年中国经济环境以高不确定性而且波动频繁为特征，不同领域的从业者们都偏向于选择保守型行动策略，数字营销传播领域自然也不例外。

2022年国内外环境并非只给国内数字营销传播市场带来负面影响。在高不确定性的经济环境中，数字营销传播市场仍有着较为明确的发展方向，灵活方便、成本更低、效果可量化的数字营销传播优势在2022年越发凸显。《2023年中国数字化营销洞察报告》显示，2022年有41.9%的中国互联网用户在作出购买决策之前都会上网搜索产品、服务和品牌相关信息，以互联网为主要舞台的数字营销传播对品牌的作用不言而喻。

2. 政策导向：国家大力发展数字经济

习近平总书记在2022年第2期《求是》上发表的重要文章《不断做强做优做大我国数字经济》强调，近年来，数字经济发展速度之快、辐射范围之广、影响程度之深前所未有，正在成为重组全球要素资源、重塑全球经济结构、改变全球竞争格局的关键力量。[9]《"十四五"数字经济发展规划》也明确指出,推动企业数字化转型、企业数字化专项行动是"十四五"时期数字经济发展的重点任务和重点工程。数字营销传播行业作为数字经济的重要组成部分,对我国数字经济的发展起到至关重要的作用。

"国潮"兴起也是当下中国经济发展的一大趋势。为支持民族品牌扩大影响力、迈入快车道,国家发展改革委、工信部等七部门于2022年7月印发《国家发展改革委等部门关于新时代推进品牌建设的指导意见》[10],提出要进一步引导企业加强品牌建设,进一步拓展重点领域品牌,营造品牌发展良好环境,不断促进品牌建设高质量可持续发展。而要在互联网时代进行高效有力的品牌建设,数字营销传播是必选动作。因此政府为助力民族品牌振兴而制定的一系列新政策、新规划也必然包含数字营销传播领域的多个方面。

数据是数字营销传播能够实现的基础,数据保护问题一直是近年来受到热议的社会问题。数据安全属于国家战略,我国在保障数据安全方面已经做了不少努力。例如从2021年11月1日起,《中华人民共和国个人信息保护法》(以下简称《个人信息保护法》)正式施行,开启我国个人信息保护法治发展新篇章,但如何实现数字营销传播发展与个人信息保护二者的动态平衡是当前亟待解决的关键问题。此外,《个人信息保护法》施行后,数据获取的难度进一步增大,个性化的营销模式受到了一定限制,这些都会对数字营销传播活动产生不同程度的影响。

3. 行业背景:营销支出增长速度放缓

2022年国内企业在营销上的投入整体下降,而且与前几年的实际情况相比,2022年国内企业的营销支出增长速度明显放缓。

从CNNIC近三年内发布的国内网民规模统计数据来看,网络用户增长速度也明显放缓,在同样的半年时间内,2022年下半年网民增长数量不及2020年下半年的三分之一(见表1)。随着我国互联网普及率越来越高,未来一段时间的网络用户增长速度仍会不断递减。

表 1   2020 年 6 月至 2022 年 12 月国内网民规模统计

单位：人

	2020 年 6 月	2020 年 12 月	2021 年 6 月	2021 年 12 月	2022 年 6 月	2022 年 12 月
国内网民规模	9.4 亿	9.89 亿	10.11 亿	10.32 亿	10.51 亿	10.67 亿

数据来源：中国互联网络信息中心（CNNIC）2020—2023 年发布的历次《中国互联网络发展状况统计报告》。

网络用户增长速度降低意味着国内互联网的流量红利见顶，各大网络平台的用户数量增长遭遇瓶颈。广告主获取流量的成本也一涨再涨，过去依赖高曝光率的营销策略能够发挥的作用会越来越有限，品牌开始从流量抢夺之争转向用户存量之战。如何快速适应数字经济生态，如何从"流量为王"的营销准则转向新营销思路的开拓，广告主急切想要寻求答案。2022 年国内整体经济环境的不稳定更让广告主在营销投入上信心不足，流量红利见顶加上经济波动频繁，导致广告主在营销投入上愈发谨慎。

（三）当前特点

1. 元宇宙对数字营销传播领域的渗透更加深入

为提升营销效果，数字营销传播领域不断求新求变，一直大胆尝试运用各类新科技成果，为数字营销传播的发展持续注入新鲜动力。疫情影响下，社会对网络构建的虚拟世界的依赖程度不断加深，"元宇宙"进入大众视野，全面渗透数字营销传播领域。2022 年，浙文互联、蓝色光标、华扬联众等多家数字营销企业纷纷布局元宇宙，在虚拟人物、虚拟空间、虚拟藏品三大方向上获得了较大成功。

其中虚拟人物是品牌元宇宙应用最多也最为成功的案例。根据《2023 中国数字营销趋势报告》所提供的数据，2022 年有 13% 的受访广告主已拥有品牌自创的虚拟代言人，有 15% 的受访广告主已开始用虚拟助手或人物提升用户的服务体验，例如在国内家喻户晓的洛天依、主攻美妆领域的柳夜熙以及虚拟偶像女团 A-SOUL 等。有 53% 的受访广告主表示会在未来两年内开展元宇宙相关营销,有40%的受访广告主正计划自创品牌虚拟代言人,对开设虚拟展厅、开创虚拟私域感兴趣的受访广告主占30%以上。在虚拟空间方向,2022年3月中国一汽与百度联合,在百度打造的"希壤"元宇宙世界中为奔腾B70S召开了产品发布会。开发数字资产进行数字营销传播的品牌也比较常见,例如国产品牌李宁发布的NFT球鞋艺术品,给李宁(品牌)带来了不小的关注度。

当前,支撑元宇宙大范围发展的技术生态、内容生态、社交生态三大生态体系框架已初步形成,元宇宙很可能将被更多更广地运用于数字营销传播的各个阶段。

2. 从用户需求出发,多方共创价值生态体系

当前数字营销传播活动参与者的身份背景日益丰富,在广告主、数字营销企业、互联网平台、各类媒介之外,有一定影响力的KOL(关键意见领袖)和普通用户也纷纷加入数字营销传播,各自发挥优势以推动营销活动落地。用户发生了从接受营销的客体到参与营销的活动主体的明显身份转变,不仅作为二次传播者为数字营销传播活动增大影响力,还通过社交媒体平台作为内容创作者参与内容生产中。许多用户生产的内容深受其他用户喜爱,并在一定程度上引发大范围的情绪波动,而广告主又能借势策划新一轮次的营销活动,依靠用户的力量形成裂变式的消息传播与口碑传递。

除个体用户外,各类互联网平台在数字营销传播中发挥的作用也不容小觑。各大互联网平台是广告主开展数字营销传播活动的主要空间,社交媒体类平台更是广告主和用户进行直接交流的主要媒介,个体用户创作的内容也须通过社交媒体获得被其他用户看到的机会。有20%的受访广告主认为自己公司在社交媒体上进行的数字营销传播非常成功,并且有45%的受访广告主正在推进在社交媒体平台的营销计划。相较于成熟的广告主,超过80%的新锐广告主打算在2023年增加社交媒体平台的营销投入。[7] 综合来看,2022年中国数字营销传播领域继续坚持以消费者需求为核心、以数据为基础、以多方主体协作为纽带，共创高端价值生态体系。

3. 直播、私域、社群成三大"必争之地"

2022年中国广告主纷纷将营销重心放在线上数字营销传播活动，直播、私域和社群成为广告主在数字营销传播中的三大必争之地。

CNNIC发布的第51次《中国互联网络发展状况统计报告》对我国各类直播用户规模进行了统计。截至2022年12月，我国网络直播用户总规模达7.51亿，较2021年12月增长4728万，占网民整体的70.4%。其中电商直播用户最多，达到了5.15亿，较2021年12月增长5105万，占网民整体的48.3%；体育直播、演唱会直播、游戏直播及真人秀直播的受众量也非常大。《2023中国数字营销趋势报告》提供的数据表明，2022年有76%的受访广告主已将直播形式运用于营销活动中，有近半数的受访广告主表示会将本公司2023年的社交媒体营销重点放在品牌直播上。

在2022年11月举行的"2022腾讯全球数字生态大会"上，腾讯智慧零售副总裁陈菲公布了这样一组数据：私域收入百亿以上的企业数达到了5个，十亿以上的企业数达到了40个。根据公开信息整理，2022年部分私域运营服务商获取融资的具体情况如表2所示。

表2 2022年私域运营服务融资情况

时间	公司	融资量	融资环节
1月	探马SCRM	1 000万美元	B++轮
1月	星云有客	4 000万元	天使轮及Pre-A轮
2月	咚咚来客	数千万元	战略融资
2月	微盛网络	3亿元	B轮
3月	星云有客	1亿元	A轮
4月	企域数科	数千万元	战略融资
4月	艾客SCRM	数千万元	B轮
4月	大人小店	1 000万元	B轮

续表

时间	公司	融资量	融资环节
5月	纷享销客	1亿元	战略融资
7月	卫瓴科技	1亿元左右	A轮
8月	微小团	1 000万元	战略融资
9月	客户通	数千万元	A轮
10月	OTM中数旅科技	数百万美元	Pre-A轮

在2021年年中，仅有1家企业实现私域收入破百亿元，20家企业GMV（总交易额）超10亿元，80余家企业GMV破亿元。2022年能有多家企业获得融资，足以说明私域流量经营发展速度快，并且仍具有巨大潜力。数据显示，2022年有71%的受访广告主已经使用私域流量进行创新营销活动，56%的受访广告主已开始进行社群营销，有47%的受访广告主表示会将私域流量和社群营销作为本公司2023年的社交媒体营销重点。[7]

4. 技术创新缺乏资金支持，应用同质化严重

在我国大力发展数字经济的总体背景之下，企业纷纷借助技术力量加速自身数字化进程。在营销领域，营销技术也从广告领域向其他领域扩张，例如社交媒体领域。

近三年来，资本大规模资助技术创新的意愿不断降低，尤其是一些研究周期长、所需投入大的技术概念，更是无法得到出资人青睐。目前，行业内只能继续沿用原有的旧技术概念维持市场运作，这也导致近几年营销技术领域缺乏有效的创新增长点。适应于新数据环境的技术支撑条件尚不成熟，流量碎片化、数据孤岛等行业共有问题一直未能有效解决，多数数字营销企业仍致力于在短视频、社交媒体、直播、程序化等几个常规赛道深耕，不同数字营销企业之间的技术差距不断缩小，数字营销传播活动或产品的相似度越来越高，同质化问题逐渐严重。

（四）变化之处

1. 部分行业巨头大幅削减营销支出

2022年受整体经济环境收紧的影响，不少行业巨头大幅削减了用于营销的支出，例如腾讯将2022年前9个月的广告和营销支出削减了31%，阿里巴巴则在半年内将其销售和营销费用削减了14%。[11] 腾讯和阿里巴巴分别处于中国互联网企业综合实力排名的前两位[12]，这两家企业在2022年作出大幅削减广告营销支出的决定，在一定程度上反映了2022年国内企业面临的真实情况，也预示着中国营销行业需要采取适应性对策。逐步降低营销花费可能是未来一段时间的主流观点，提高效率、持续优化则是当下广告主选择数字营销企业、开展数字营销传播活动的基本要求。

2. 由精准营销向智慧营销转型

2022年中国数字营销传播领域的又一变化之处，是行业内部出现了由基于大数据技术的精准营销向基于人工智能技术的智慧营销转型的趋势。以成熟的大数据技术应用为基础的精准营销是通过对网络用户的各类交互行为进行挖掘、收集，对海量数据作深度分析，并根据个性化特征为网络用户精准画像，明确不同用户的喜好与习惯，并从需求出发实现对用户的精准内容推送，这减少了对无兴趣用户的打扰，多方位提升了用户体验，营销效率显著提高。然而，以用户过去的网络行为为分析基础的精准营销仍存在部分滞后性，相比之下，基于人工智能的智慧营销拥有更为突出的优势。人工智能技术可以在多种情况下模仿人类行为，以最贴近人类本身的方式与人类进行实时交互并自然地开展数字营销传播活动，让营销活动的过程更加智能化、定制化、自动化，用户能够随时随地获得仿真顺畅的体验，并在潜移默化中加深对产品或服务的了解。人工智能有极强的学习能力，可以在与用户的交流互动中不断适应用户的个性化反馈，因此基于人工智能技术的智慧营销不仅具备精准营销的优势，其应用领域也更加广阔。

二 2022年中国数字营销传播优秀案例分析

本部分以"第七届（2022年度）中国最具影响力的十大数字营销传播案例"评选活动最终产生的名单为参考[13]，选取部分2022年优秀的数字营销传播案例进行分析。

（一）北京冬奥会：数字技术赋能云上奥运

2022年2月，第24届冬季奥林匹克运动会在北京顺利举行。为克服因新冠疫情导致的诸多现实困难，此次冬奥会在传统电视直播转播的基础上，还全面应用了5G+8K超高清远程传输、Press+网络专线传输服务等新技术来拓展各项赛事的转播渠道，并首次使用UHD、HDR和5.1.4沉浸式音频完成视音频制作，不仅让本次冬奥会的转播时长创下前所未有的全新纪录，而且从传播媒介、视听质量及观看方式等多个维度提升了观众的观看体验。国际奥委会发布的《北京冬奥会市场营销报告》显示，与2018年平昌冬奥会相比，北京冬奥会的全球观众超过20亿，以数字形式观看北京冬奥会的人数增加了123.5%。国际奥委会主席巴赫表示："北京冬奥会是有史以来数字化参与程度最高的一届冬奥会。"[14]

北京冬奥会的数字营销传播在各大社交媒体平台上都异常出彩，很大程度上完成了以北京冬奥会为主题的网络空间虚拟场景搭建。例如推特专门为北京冬奥会上线了20个专属表情符号，包括奥运会吉祥物、体育图标和奖牌；TikTok上也有多个北京冬奥会相关话题及专门的内容中心，运动员们通过照片、短视频及直播等方式与观众分享北京冬奥会的各个方面，赋予北京冬奥会平和、欢乐、热烈的感染力。据统计，TikTok上与北京冬奥会相关的视频浏览量超过21亿次，新浪微博上有关北京奥运会吉祥物冰墩墩的话题讨论甚至达到惊人的60亿次。通过数字技术的帮助，2022年北京冬奥会在各个平台上吸引了超过1100万的新粉丝，网民参与度也达到了空前规模。[15]

（二）刘畊宏健身直播：在线健身迎合特殊时期健康需求

2022年4月，处于疫情隔离下的刘畊宏在抖音平台进行的健身直播短时间内热度大涨，他自创的毽子操与使用的健身音乐《本草纲目》更是得到了众多网友喜爱。据相关数据统计，从2022年4月13日开始的12天时间内，刘畊宏的抖音平台账号涨粉4408.4万，作品最高点赞量为314.6万，直播间观看人数累计超过3.1亿[16]，同时他的微博、小红书等其他社交平台账号也出现了粉丝量的迅速增长。从表面上看，刘畊宏此次健身直播的火爆是因为三次封号事件，这使其受到网友的大量关注——由于直播时露出腋毛、胸肌过于发达以及祝福好友周杰伦身体健康，抖音平台分别作出了"穿着不雅""哺乳期擦边""涉及医疗健康"的判定，并对其禁播。连续不断的意外情况给众多网友带来了情绪冲击，也助推刘畊宏健身直播掀起传播热潮。然而，疫情防控期间大众对身体健康的渴望与通过运动强身健体的现实需求，才是刘畊宏健身直播能够火遍全网的根本原因。刘畊宏健身直播爆火后，抖音官方随即宣布推出"抖音全民健身计划"，联合体育明星、演艺明星以及粉丝量较大的头部健身博主等扩大健身直播的范围，细化健身直播的分类，以满足各类用户的健身需求，开创了直播行业的另一方向。

（三）小鹏汽车：沉浸式体验元宇宙探险

2022年元宇宙概念异常火热。各具特色的虚拟人物、在区块链技术基础上成长的数字藏品、主题虚拟空间沉浸式体验，是成功案例较多的几个元宇宙营销应用方向。2022年4月初，小鹏汽车在抖音平台正式上线了"鹏克星球"，这是一个搭建了完整剧情并能与用户进行互动的元宇宙世界，以虚拟探险为主线，场景设定真实，人物角色有代入感，结合直播形式以每周一次的频率吸引用户，给用户带来沉浸式的虚拟星球探险体验。综合来看，"鹏克星球"将元宇宙、直播以及剧情游戏巧妙地结合在了一起，这些元素既是当下年轻人感兴趣的热点话题，又与小鹏汽车的高新科技类汽车生力军形象非常契合。

在"鹏克星球"直播活动得到较多关注的关键节点，小鹏汽车又继续布局元宇宙营销的其他方向，于2022年8月在天猫购物平台推出其为产品P7汽车打造的NFT数字藏品，同时还邀请知名度较高的抖音虚拟美妆达人"柳夜熙"拍摄系列广告短剧，将小鹏汽车的亮点功能在短视频中作软性植入，并在P7汽车大量出厂的时期完成了在元宇宙中的品牌故事讲述与品牌价值塑造，既实现了产品推广的现实目标，又让品牌知名度与好感度大增。

三 2022年中国数字营销传播面临的多重困境

（一）营销收入增长乏力，营销投资信心不足

2022年，中国营销行业面临着严峻挑战，营销市场遭遇了投资信心和投资金额双双下降的巨大难题。面对2022年经济环境不稳定的现实，降低在广告营销上的投入是多数广告主的选择。据《2023中国数字营销趋势报告》预测，虽然2023年国内企业营销总投入的增长率预期值为16%，但仍比疫情前的年均增长率低，甚至低于疫情后处于快速复苏期的2021年（与2020年相比，2021年的营销费用年增长率为17%）。

除经济环境不稳定导致广告主对营销投资持不乐观态度这一主要原因外，新兴技术应用成本高、流量红利趋于见顶以及新法律出台影响原有行业生态体系等次要因素，也都或多或少地增加了广告营销行业的收益难度，在营销行业仍延续当前整体发展现状的一段时间内，可以预见营销收入的增长速度不会出现大幅提升。如何从内部实现营销数字化，如何从外部提升营销实效，是当前形势下困扰营销人的主

要问题。

(二) 流量红利趋于见顶，营销效率提升困难

从前文中引用过的中国互联网络信息中心公布数据（表1）可以明显看出，随着我国互联网的普及率不断升高，近三年来网络用户数量的增长速度已明显放缓，新增网络用户数量也逐步进入减少阶段。种种迹象均表明，流量红利趋于见顶，流量时代即将结束。现阶段，国内的数字营销传播方式对流量的依赖程度普遍较高，广告主获取流量的成本不断上涨，营销投入带来的收益持续减少，营销效率与过去相比明显降低，流量红利趋于见顶对现有的数字营销传播方式来说无疑会带来致命打击。为了让营销投入真正发挥应有的作用，目前广告主已开始从流量抢夺之争转向用户存量之战，增加用户黏性、深耕私域流量是广告主现在的主要努力方向。

营销效率提升困难的另一重要原因是线上数字营销与线下传统营销的分离。在移动互联网深度渗透大众日常生活的当下，广告主非常清楚线上数字营销传播的重要意义，并纷纷抓紧各类社会议题开展营销活动。然而，不少营销活动在提升品牌声望上确实起到了一定作用，但在触动网络用户的现实消费选择上仍然不够有效。

(三) 数据获取难度增大，营销模式亟须变革

《个人信息保护法》已于2021年11月1日正式施行，推动我国个人信息保护实践进入更规范更明确的层面。在《个人信息保护法》出台之前，我国已制定发布了一些关于保护个人隐私信息的规定或办法，但由于管理模式不成体系或责任划分不够明确，隐私泄露问题仍时有发生，发生在网络平台上的隐私泄露问题依然难以有效解决。《个人信息保护法》细致规定了个人信息处理的规则，突出强调了"个人同意"的重要性；明确说明个人对自身信息的处理有知情权、决定权、请求删除权，并且要求相关部门必须严格按照法律规定履行保护个人

信息的职责等。《个人信息保护法》的施行将有效规范互联网中的用户个人信息收集行为，通过提供部分服务的方式变相迫使用户让渡隐私权利的行为不再被允许，广告主或数字营销企业获取用户数据的难度必然会增大，收集并分析用户数据以掌握用户兴趣与喜好的个性化推荐类营销模式也将受到明显影响。如何实现数字营销传播发展与个人信息保护二者之间的动态平衡是当前亟待解决的一大关键问题。

四 2023年中国数字营销传播趋势展望

（一）2023年中国数字营销传播发展状况整体预期

随着新冠疫情对社会影响的逐渐减弱，我们有理由对2023年中国营销传播的发展情况保持适当乐观，在国内经济持续复苏的2023年，广告主在广告营销上的投入也很可能有所增长。移动互联网将是广告主选择增投的主要媒介，新锐和中小预算广告主大幅增投数字营销传播的比例相比成熟和预算较多的广告主会更高。此外，KOL营销、官方账号运营是广告主在2023年社交媒体营销的重中之重。

然而，2023年中国营销传播的发展情况也不排除其他可能。企业在没有明确经济走势和行业趋势的情况下会降低期望，同时适当放慢步伐，在保持原有优势的基础上结合实际情况寻求新的突破机会。总之，我们应该对2023年中国数字营销传播的发展抱有期待，同时也要做好延续2022年低迷状态的准备。

（二）2023年中国数字营销传播应用范围将继续扩大

数字营销传播活动以线上形式开展为主，信息的实时传递与跨地区跨国界的远距离传输需要借助互联网渠道，因此当前国内的数字营销传播主要活跃在金融、电商等与互联网深度交互的领域。在数字营销传播的助力下，金融、电商等行业的发展速度更快、繁荣程度更高，可以说营销的数字化是互联网时代多数行业的必经之路。接下来，数字营销传播将会进一步深入各个行业。

事实上，数字营销传播活动已经开始广泛深度联结农业领域，例如各类助力农产品销售的专场直播，社交媒体平台发起的农村相关话题的内容创作，以及农业主题的真人秀综艺节目等，为农产品销售、农村现状宣传及乡土文化弘扬拓展了表现渠道，对乡村振兴起到了非常积极的作用。然而，在不同行业成功实现营销的数字化转型还需多方主体的共同努力。例如与大众生活息息相关却又具有较强特殊性的医疗行业，数字营销传播活动的顺利开展需要高针对性的法律、严格监管的政府部门、有序的行业环境、自律的广告主等多主体协同，以降低意外情况发生的可能性。因此，在数字营销传播道路越走越宽的过程中，监管体系也需要不断进行适应性变革，在保障数字营销传播行业拥有充分发展空间的同时，做好规范与管理的顶层设计，让数字营销传播在各行各业都能发挥其自身优势，推动行业经济向好向上发展。

（三）2023年中国数字营销传播侧重点将发生转移

广告主在广告营销上进行大量投入，无论营销活动的具体目标是品牌目标还是效果目标，其最终追求都落点于商业利益。过去一个时期，数字营销传播依托流量获利，通过信息的裂变传播获取更大的用户基数是重点。然而在流量红利趋于见顶的当下，用户基数增长的潜力即将枯竭，收割新用户不再可持续，强化与现有用户的深度交互、提升现有用户的用户体验将更有助于实现营销目标。因此，2023年国内数字营销传播的侧重点也将从传播获客转移到强化用户运营全过程交互、提升用户体验等方面。

与此同时，人工智能将重构数字营销传播行业。ChatGPT类型工具与其他AI技术将作为辅助工具加入数字营销传播行业的实际应用行列，承担数字营销传播产业链中的部分任务以改进营销模式、提高营销效率。与 UGC（用户生成内容）给数字营销传播行业带来的机遇与挑战类似，AIGC（人工智能生成内容）很可能成为下一阶段数字营销传播的核心，数字营销传播行业应对 AIGC 给予应有的重视，推动营销数字化进入全新阶段。

【参考文献】

[1] 第51次中国互联网络发展状况统计报告［R］．中国互联网络信息中心，2023．

[2] 习近平．高举中国特色社会主义伟大旗帜　为全面建设社会主义现代化国家而团结奋斗：在中国共产党第二十次全国代表大会上的报告［EB/OL］．(2022-10-25)［2023-07-07］．http://www.gov.cn/xinwen/2022-10/25/content_5721685.htm．

[3] 中国数字经济发展研究报告（2023版）［R］．中国信息通信研究院，2023．

[4] 数字中国发展报告（2022年）［R］．国家互联网信息办公室，2023．

[5] 朱逸，赵楠．数字营销的多重关键性面向［J］．商业经济研究，2021（15）：72-76．

[6] 2023年中国数字化营销洞察报告［R］．融文媒体实验室，2023．

[7] 2023中国数字营销趋势报告［R］．秒针营销科学院，GDMS，媒介360，2022．

[8] 中国数字营销生态图2022版及解读报告［R］．中国商务广告协会数字营销专业委员会，虎啸奖组委会，秒针营销科学院，2022．

[9] 习近平．不断做强做优做大我国数字经济［J］．求是，2022（2）：20．

[10] 国家发展改革委，等．国家发展改革委等部门关于新时代推进品牌建设的指导意见［EB/OL］．(2022-8-25)［2023-07-07］．https://www.ndrc.gov.cn/xxgk/zcfb/tz/202208/t20220825_1333667_ext.html．

[11] 戴莉娟．《广告时代》全球广告主Top100发布：疫情和通胀后广告主的起起伏伏［EB/OL］．(2022-12-21)［2023-07-07］．https://www.sohu.com/a/619529936_120088046．

[12] 中国互联网企业综合实力指数（2022）［R］．中国互联网协会，2022．

[13] 廖秉宜，陈建敏，等．2022年度中国最具影响力的十大数字营销传播案例

[EB/OL]. (2022-02-13) [2023-07-07]. https://mp.weixin.qq.com/s/m8i-P9rqUXiPnPIoe3fXGw.

[14] 姬烨, 许仕豪. 国际奥委会发布《北京冬奥会市场营销报告》：全球观众超20亿[EB/OL]. (2022-10-21) [2023-07-07]. http://www.news.cn/2022-10/21/c_1129073177.htm.

[15] IOC Marketing Report of Beijing 2022 [R]. International Olympic Committee, 2022.

[16] 刘佳怡, 方雨霏. 为什么刘畊宏能火？我们分析了微博的175万条信息[EB/OL]. (2022-04-30) [2023-07-07]. https://export.shobserver.com/baijiahao/html/479631.html.

中国计算广告隐私保护发展报告（2022）

林升梁* 嘎日查戈**

摘　要：本报告从个人信息数据的政府监管、隐私保护对计算广告产业产生的重大影响、隐私保护技术的发展、关于隐私悖论解决方案的探讨等四个方面，总结了2022年中国计算广告隐私保护的发展情况，并对2022年中国计算广告隐私保护的学术发展进行了回顾。

关键词：计算广告；隐私保护；数据安全；隐私悖论

Abstract：This report summarizes the development of privacy protection for computational advertising in China in 2022 from four aspects, including government regulation of personal information data, the significant impact of privacy protection on the computational advertising industry, development of privacy protection technology, and discussion on the solution of privacy paradox. This article also reviews the academic development of privacy protection in computational advertising in China in 2022.

Keywords：computational advertising；privacy protection；data secu-

---

* 林升梁，暨南大学新闻与传播学院、媒体国家级实验教学示范中心教授。
** 嘎日查戈，暨南大学新闻与传播学院2022级硕士研究生。
本文系2022年度国家社科基金后期资助重点项目"计算广告的隐私问题及其治理研究"（项目编号：22FXWA002）阶段性成果。

rity；privacy paradox

2022 年，国内业界与学界关于计算广告隐私问题的探讨呈现以下 5 个特点：①国家监管重拳出击促使行业更加规范发展；②隐私保护对计算广告产业产生重大影响；③新技术的出现为隐私保护提供无限可能；④隐私悖论解决方案的探讨正式提上议程；⑤学术活动日益活跃，学术成果不断涌现，隐私伦理体系已具雏形。

一 国家监管重拳出击促使行业更加规范发展

（一）立法讲规矩："三驾马车"法律架构下细化法则有法可依

承接上一年、开启新一年，从《中华人民共和国网络安全法》到《中华人民共和国数据安全法》再到《中华人民共和国个人信息保护法》①，"三驾马车"的法律架构推动我国进入个人信息保护及企业数据合规的新纪元。[1]

2021 年 11 月 1 日正式实施的我国首部《个人信息保护法》明确界定了计算广告采集的用户数据主体。《个人信息保护法》中规定："个人信息是以电子或者其他方式记录的与已识别或者可识别的自然人有关的各种信息，不包括匿名化处理后的信息。"在明确主体的基础上，《个人信息保护法》将生物识别、宗教信仰、特定身份、医疗健康、金融账户、行踪轨迹等信息，以及不满十四周岁未成年人的个人信息，进一步归属为"敏感个人信息"，规定应当对个人信息及敏感信息进行全生命周期保护。这意味着，当前互联网广告行业使用到的各类个人设备识别号，包括 Cookie ID、IMEI、IDFA、IDFV 及各网站/App 体系下的用户注册 ID、编号、手机号、邮箱等，都属于个人

---

① 以下分别简称《网络安全法》《数据安全法》《个人信息保护法》。

信息。使用以上信息用于广告营销都属个人信息的使用行为，须告知收集目的、方式及范围，明确取得个人授权。而且，取得授权不应只停留在收集阶段，全生命周期保护意味着收集、使用、存储、传输、出境、删除等所有环节全覆盖，每个环节的处理都须经由"告知—同意"。除信息收集环节，《个人信息保护法》还明确规范个人信息的处理必须合法、公正和透明，通过自动化决策方式向个人进行信息推送、商业营销时，应尊重个人信息主体的权利，满足公平、透明、可拒绝原则。

2022年2月15日起施行的新版《网络安全审查办法》将平台企业的数据处理活动明确纳入网络安全审查制度的监管范围；《个人信息保护法》对个人信息跨境传输也有明确规定。关键信息基础设施运营者以及处理的个人信息达到规定数量的个人信息处理者，处理个人信息跨境需要经过相关部门的安全评估，其他企业应当经过专业机构的个人信息保护认证，或者同境外接收方签署标准合同。需要注意的是，如果部分企业服务器在国外，且频繁地将境内收集的个人信息传输到国外的服务器，就会存在被认定为出境的可能性，此类企业需要按照《个人信息保护法》的要求履行个人信息保护影响评估等义务。对于提供重要互联网平台服务、用户数量巨大、业务类型复杂的个人信息处理者，《个人信息保护法》也专门规定了一系列合规义务，包括建立健全个人信息保护合规制度体系，成立主要由外部成员组成的独立机构对个人信息保护情况进行监督，定期发布个人信息保护社会责任报告，等等。

2022年3月1日起正式实施的《互联网信息服务算法推荐管理规定》明确规定，应用算法推荐技术是指利用生成合成类、个性化推送类、排序精选类、检索过滤类、调度决策类等算法技术向用户提供信息。短视频平台、电商平台、社交平台及餐饮外卖平台等各类提供算法推荐服务的互联网公司几乎都在监管范围之内。此外，《互联网信息服务算法推荐管理规定》还明确将"个性化推荐"纳入规制范围，算法推荐服务提供者具有保障用户算法知情权、选择权、用户标签完善等合规义务。公民的知情权得到保障、算法透明得到推进，不仅有利于增强用户对产品的信任，还有利于解决算法歧视、决策偏差。

2022年1月1日《上海市数据条例》开始施行。这是自国家层面公布和实施《网络安全法》《数据安全法》《个人信息保护法》后最先一批公布和实施的地方性数据法规。这表明除了国家层面出台相关法律法规，地方政府也开始根据当地实际情况形成自己的隐私保护条款。

（二）行政严执法：保持高压态势多管齐下重击反面典型

行政执法方面，2022年国家互联网信息办公室、工业和信息化部、市场监督管理总局等部门依旧保持着高压收紧态势，监管措施涵盖公开通报、应用下架、罚款、网络安全审查、过渡性指导措施等多种手段。监管处罚对象不仅包括企业，还覆盖高管及相关责任人，处罚方式主要体现为警告与罚款。

2022年7月，因滴滴出行平台"过度收集个人信息、个人敏感信息；超范围获取用户权限；未告知用户个人信息处理目的"等，国家互联网信息办公室根据《网络安全法》《数据安全法》《个人信息保护法》，对滴滴出行平台处以人民币80.26亿元罚款，对公司董事长、总裁各处人民币100万元罚款。[2] 滴滴事件之后，国家对境外上市企业的数据出境与安全审查力度大大加强。于2022年2月15日起正式施行的新版《网络安全审查办法》明确规定，掌握超过100万用户个人信息的网络平台运营者如赴国外上市，必须先行申报网络安全审查。由此可以看出，国家在整治隐私保护、数据安全问题上的决心。[3]

美团网络餐饮外卖平台积累了大量的平台内经营者和消费者，拥有海量的交易、支付、用户评价等数据，基于数据建立了较为高效的配送安排和调度系统，较大程度地实现了运力自动化调度及资源优化配置。同时，美团基于位置的算法系统研发可以为用户精准"画像"，提供个性化、针对性服务，并能够监测平台内经营者是否在其他竞争性平台经营。然而，2022年9月9日，美团全资控股的持牌第三方支付公司北京钱袋宝支付技术有限公司（简称"钱袋宝"或"美团支付"）因存在17项违法违规事实，被央行开出大额罚单。行政处罚决定书文号"银管罚〔2022〕24号"显示，北京钱袋宝支付技术有限公司存在"侵犯金融消费者个人信息安全""为身份不明的客户提供服务或者与其进行交易"等多项违法违规行为，导致中国人民银行营业管理部对其进行警告，并处罚款1165万元。

当然，也有企业胜诉的例子。2022年8月，杭州互联网法院将"郭某某诉某网络有限公司个人信息保护纠纷案"作为"个人信息保护十大典型案例"之一发布，该案与自动化推荐应用有关。原告郭某某在注册、使用被告公司运营的某购物App过程中发现，打开涉案App时，会弹窗显示《隐私权政策》《用户协议》等，要求其选择"同意"或"拒绝"，若选择"拒绝"，则不能继续使用该App。郭某某认为《隐私权政策》中的算法推荐广告相关内容违反了《个人信息保护法》的规定，侵犯了其个人信息权益。法院表示，涉案App在《隐私权政策》中采取了首次运行时、用户注册时均提示用户是否同意隐私政策的事前概括同意机制，对用户基本知情同意权进行了保障。同时，通过在App内部设置便捷的拒绝自动化推荐选项，该App对用户个人信息权益保障提供了事后选择机制，所以利用个人信息就具有了合法性基础。因此法院判定被告公司未侵害原告个人信息权益，依法驳回原告的诉讼请求。

2022年爆发的多起隐私泄露事件给企业敲响了警钟，随着消费者隐私保护意识的觉醒，维护网络安全、保护用户数据成为企业的核心业务，也是企业良性发展的必然选择。工信部共发布5批《关于侵害用户权益行为的App通报》，并敦促相关企业完成整改要求。[4] 2022年工信部在App违法通报中，首次将内嵌第三方SDK（软件开发工具包）违规收集用户设备信息的行为纳入监管范围。治理工作重点突出关键责任链监管，对应用商店、SDK、终端企业、重点互联网企业等实现监管全覆盖。

二 隐私保护对计算广告产业产生重大影响

广告并非一开始就和隐私产生关系。这种关系的产生，是随着时代的发展，大数据、云计算、机器学习等人工智能前沿技术在广告行业的应用越来越多，计算广告被广泛采用之后的结果。广告主对广告精准性和变现率不断提出更高要求，这种高要求倒逼相关平台对用户数据无底线地获取与使用，于是出现了用户隐私权益与广告主广告利益之间的博弈。诚然，一方面，计算广告摒弃了传统广告"广撒网"的传播方式，能够大大降低企业的广告成本；另一方面，计算广告的大量使用也让企业陷入侵犯隐私的诟病当中。在消费者维权意识日益觉醒的今天，隐私问题已是企业的"必答题"，能合法合规地处理好消费者隐私权益的企业将获得更强大的核心竞争力。

从本质上看，科技产业的发展往往会经历一个由乱到治的过程，而隐私权的滥用早晚也会如其他问题一样被重视和整改。2022 年，"数字主权"问题越来越被各国所关注，而"数字主权"的一个核心表现，就是对本国公民信息资产权益的保护。这也在一些国家和跨国企业巨头之间形成了一种博弈关系。当然，在中国，这种关系更多是在政府主导之下。多数企业收集数据是为了双赢实践，比如数据驱动广告营销反哺消费者，让消费者得到更便利的购物体验。但是，恶意使用个人数据的可能性是存在的，这种恶意使用个人数据的后果有时十分严重。因此，从长远看，计算广告的隐私问题必须加以解决，否则将困扰计算广告的发展。

2018 年 Facebook 隐私事件的爆发意味着"统治"互联网广告的计算广告模式走入了困境。2022 年，谷歌、苹果、华为等大公司和大平台纷纷选择更为严格的隐私标准，这对行业有很大的示范意义和引导价值，有益于计算广告的良性发展。在隐私问题日渐受到公众重视的今天，隐私保护在品牌方面的布局尤为重要。如何平衡好用户隐私保护与广告投放效果之间的权益与利益，是每个广告主需要认真对待的问题。成功的品牌不仅可以在营收和利润上表现优异，更要建立起与消费者之间深厚的信任基础。消费者信任的建立，不仅需要讲好品牌故事、有效地与消费者进行互动等，还要在商业道德和商业规则上做到不逾矩，注意保护消费者隐私。

2022年，计算广告的标志性事件大多是2021年变革的延续，隐私问题最重要的事件或多或少都与第三方Cookie的存在有关。这些事件的出现使不少计算广告从业者进一步思考数字广告的未来。于是我们看到各种各样的新数字广告产品问世，也看到过去一直在幕后的B2B企业走到台前与消费者直接对话，以及各个企业应对同类事件的不同反应。不可否认的是，Meta、Google、苹果这些巨头在整个数字广告行业依旧有着举足轻重的地位，甚至从某种程度上来说，它们的改变代表着计算广告行业的发展趋势。在2022年，数据隐私、Cookie、通货膨胀和疫情深刻地改变了几乎所有消费者的消费习惯，各家数字广告企业的变化几乎从未停止。例如，从"数据净室"、隐私保护广告技术产品，再到因为拥有合法第一方数据而最终成为"数据避风港"的零售媒体的兴起，隐私保护强烈影响着计算广告产业的发展方向。

《关于构建更加完善的要素市场化配置体制机制的意见》已将数据纳入"生产要素"，相关部门还下发了《数据资产评估指导意见》，通过规范数据资产评估机构和专业人员来更好地服务于数字经济时代的生产要素市场。在数据时代下，企业间的数据流转是大势所趋。包括广告主、广告公司、广告投放平台、第三方数据平台等在内，计算广告产业链的隐私保护问题涉及多方利益，最重要的是个人用户、企业用户牵扯其中。例如，原生广告的数据隐私侵犯问题有不断强化的趋势，个人隐私保护迫在眉睫。数据共享的隐私计算可与区块链技术相结合,既保证输入数据可信,亦可隐藏运算过程,可谓鱼和熊掌兼得,这将促使隐私与计算技术成为数字经济时代建设的"新基建"。

三 新技术的出现为隐私保护提供无限可能

数据隐私的法律法规越来越严格,数据的跨域传输也存在比较大的风险,这对目前互联网的"采—传—存—算"模式形成很大挑战。为了确保在未来的竞争中脱颖而出,各个行业巨头都在抓紧布局隐私计算技术。

2022年2月1日,区块链与隐私计算算力集群Hive"蜂巢"在北京启用。作为北京市重大科技创新及高精尖产业项目,Hive"蜂巢"依托我国首个自主可控的区块链软硬件技术体系"长安链",建设具备先进算力、服务国家重大应用场景的区块链与隐私计算算力基础设施,以1000台高性能专用算力服务器组建庞大集群,每秒可处理超过2.4亿笔智能合约交易、百亿条数据隐私计算,算力性能全球领先。Hive"蜂巢"的算力性能已在全国首个超大城市区块链基础设施——北京市"目录链"的升级中率先发挥作用。

2021年11月,全球最大的非营利性专业技术学会"电气和电子工程师协会—标准化协会"(IEEE-SA)全票通过了《隐私计算一体机技术要求》(IEEE3156-2023)的国际标准立项,并且在IEEE-SA成立了隐私计算一体机工作组。该标准由蚂蚁集团、国内外专家共同参与筹备,是全球首个隐私计算一体机国际标准。IEEE-SA专家一致认为,制定国际标准能够使业界形成对隐私计算一体机的共识,有利于引导业界利用隐私计算一体机解决数据共享场景下的数据安全问题,并有效降低协作成本。2022年2月16日,谷歌宣布将在安卓系统上推出"隐私沙盒",引入更新、更具私密性的广告解决方案。这些解决方案会限制与第三方共享用户信息,并且能够在没有跨应用标识(包括广告ID)的情况下运行。同时,谷歌也在试图通过技术手段降低私密数据收集的可能性，比如以更安全的方式对接 App 与广告 SDK。

2022 年 10 月 26 日，由原语科技公司推出的开源同态加密库 HEhub 发布。作为 PrimiHub 开源生态的一部分，HEhub 目前包含 BGV、CKKS、TFHE 等全同态加密算法，是一个易于使用、可扩展性强且性能优秀的密码学算法库。HEhub 也是国内第一个自研的开源（全）同态加密算法库，及时填补了国内开源生态中的空白，有利于国内同行在同态加密领域的前沿研究与落地实践，并促进隐私技术的自主发展。[5]

2022 年 11 月 3 日，蚂蚁集团在"云栖大会"公布科技业务全景图，并发布云原生、隐私计算、安全科技、区块链等六大科技产品。2022 年 12 月，联通数科携手美团共同申报的"基于隐私计算的到店服务类消费分析"项目入选第六届大数据"星河"标杆案例，该项目以联通大数据赋能美团生活服务类业务场景，基于隐私计算充分激发双方数据要素效能，大幅提升了美团相关业务场景的业务指标。项目团队表示，基于隐私计算技术的应用可以使传统的交付式数据交流模式得到改变，在数据不出本地的情况下开展跨域数据合作，数据可用不可见。该项目通过"分桶"方式提升运算效率及稳定性，在保证合规前提下共建数据特征，提升数据价值，优化建模效果，以实际业务切入，进一步拓展了隐私计算的应用场景。

2021 年年末、2022 年年初，元宇宙概念大热，被认为是互联网的未来。元宇宙是一个平行于现实世界且高度互通的虚拟世界，包含了 AR/VR、云计算、AI、5G、区块链、物联网等技术。企业能够通过这些技术，将单一设备、生产技术、企业要素串联起来，实现网络化、数字化和自动化，提升业务运转效率。元宇宙中的区块链应用非常重要，因为一切都将存储在中心化网络中。结合区块链技术实现企业间的数据和业务协同是数字化发展的新阶段，它将发挥工业互联网和区块链的技术特性和优势，解决更多现实问题，重铸企业信用价值。区块链也将可能促成更大更好的社交网络。

为了提高自身竞争力，越来越多的企业希望与产业上下游企业、政府等数据主体进行数据共享，实现深入合作。针对"数据孤岛"问题，业界提出了"数据可用不可见"的合作新模式。借助以联邦学习、安全多方计算等为代表的隐私计算技术，数据合作主体可以实现原始数据不出库、仅数据"价值"和"知识"出库，从而完成数据融合的目标。在面对数据的所有者、搜集者、发布者和使用者以及意图窃取数据的攻击者时，隐私计算技术能够实现数据处于加密状态或非透明状态下的计算。也就是说，任何对数据的需求最后都会落到一个具体的使用场景上，数据使用者只能按照具体场景拿到使用结果，而不是拿走数据本身。

四 隐私悖论解决方案的探讨正式提上议程

隐私悖论，是指社交媒体用户一方面因为网络风险而担忧隐私泄露，另一方面又热衷于在网络上分享与披露信息的矛盾行为。在感知收益和感知风险博弈下产生的隐私悖论问题，是计算广告必须求解的一个重大课题，否则我们将深陷数据利用的两难选择之中。计算广告的精准性特征产生的一致性诉求，反过来促进了这种广告形式的隐蔽性与侵蚀性。一方面，计算广告在海量的用户行为数据的基础上，推送出与用户兴趣、习惯和行为高度一致的广告信息，具有较强的侵蚀性；另一方面，用户与计算广告越互动，互联网平台对用户数据的信息自动化采集就越频繁、越隐蔽，这催生并加剧了隐私悖论问题的严重性。从自发生成行为数据到自主采集行为数据的转变，使用户对个人信息的控制权旁落，这种旁落触发了现代人对隐私担忧焦虑的种种过度猜测，不利于计算广告的发展。[6]

2022年不断爆出的企业用户数据恶意泄露、恶意使用事件令我们人人自危。从心理和行为看，全球网络用户在不同程度上都存在着"隐私悖论"，因此必须从源头上提出解决办法。企业有必要将保护个人隐私的意识融入产品开发设计中,并与隐私保护技术相结合,以达到有效保护个人隐私的目的。生产者和用户主体在数据生产、流转、使用、利益分配和风险管理过程中唇齿相依,数据价值离不开大数据的整个生命周期。恰当的机制设计和先进的技术,可以实现隐私风险控制与数据共享收益之间的动态平衡。[7]

解决隐私悖论问题的关键是分清何种信息应当被管制,在应用算法推荐中与互联网广告相关的信息范围与边界是什么。2022年3月1日,我国《互联网信息服务算法推荐管理规定》(以下简称《算法推荐管理规定》)正式施行,算法备案系统也同步上线。《算法推荐管理规定》对"应用算法推荐技术"做了如下定义:"应用算法推荐技术,是指利用生成合成类、个性化推送类、排序精选类、检索过滤类、调度决策类等算法技术向用户提供信息。"[8] 因此,互联网广告中通过上述算法技术生成的信息内容都属于本规定的管制范围。《算法推荐管理规定》第二十三条规定:"网信部门会同电信、公安、市场监管等有关部门建立算法分级分类安全管理制度,根据算法推荐服务的舆论属性或者社会动员能力、内容类别、用户规模、算法推荐技术处理的数据重要程度、对用户行为的干预程度等对算法推荐服务提供者实施分级分类管理。"[8] 该规定对算法推荐服务者进行了分类分级管理,即对信息的使用程度与种类进行分类,界定隐私信息的边界。《算法推荐管理规定》针对用户标签和算法模型加强了管理,完善了用户选择机制与反歧视偏见规则,切实解决了消费者所遭遇的隐私悖论问题,维护了国家安全和社会公共利益,保护了公民、法人和其他组织的合法权益,促进了互联网信息服务的健康有序发展。

2021年4月20日,在"博鳌亚洲论坛"期间,数字经济研究机构罗汉堂发布了《理解大数据:数字时代的数据和隐私(2021)》报告。在解决隐私悖论方面,这份报告从源头提出了解决方法,即需要将隐私工程(Privacy Engineering)和隐私增强技术(Privacy-Enhancing Technologies,PETs)结合起来。该报告提出了一个"数据演算"

模型,模型指出,生产者和主体在数据生产、使用、利益分配和风险管理过程中都紧密相连;数据价值与大数据的整个生命周期不可分割。如果有恰当的机制设计和先进的技术,隐私风险和数据分享带来的收益会变得可控,隐私悖论便能实现平衡。[7] 作为一个整体性的模型框架,"数据演算"对于数字时代的数据治理、权利保护等具有一定的启示意义。

隐私计算是解决隐私悖论的一种重要手段。为全面展示全球隐私计算概貌及未来趋势,OpenMPC社区组建编写委员会,通过调研、分析等多种方式,最终形成《2022全球隐私计算图谱报告》,并于2022年12月在首届全球数字贸易博览会上发布。该报告通过共建全球隐私计算图谱,展现了隐私计算在技术、产品、应用场景、产业生态等多维度的新趋势、新探索,为社会各界提供了参考,促进了中国计算广告产业的高质量发展。

五 学术活动日益活跃,学术成果不断涌现,隐私伦理体系已具雏形

2022年,全国广告学界持续深耕计算广告伦理领域,相关学术会议如雨后春笋般出现,计算广告治理相关的科研项目立项取得重大突破,学术著作的出版数量与科研论文发表数量双双保持较快增长,计算广告治理相关的学术研究成果丰硕。

2022年9月24日,第五届中国品牌传播青年学者论坛"智能社会,品牌升级:智能时代的品牌传播"(深圳大学传播学院主办)在深圳举行,9个会议主题里涉及计算广告治理的是"智能品牌传播伦理研究"。2022年11月6日,2022年智慧传播与计算广告发展论坛"计算赋能,融合创新"(华南理工大学新闻与传播学院主办)在广州举行,7个会议主题里涉及计算广告治理的是"计算广告伦理风险与治理"。2022年12月3日至4日,2022年计算广告教学国际学术研讨

会（中国新闻史学会广告与传媒发展史专业委员会、上海外国语大学主办）在上海举行，6个会议主题里涉及计算广告治理的是"计算技术与广告原理"。2022年12月21日至23日，中国广告协会学术委员会第九届委员代表大会暨2022全国广告学术研讨会（中国广告协会学术委员会主办）在厦门举行，会议围绕"中国广告产业数字化发展与广告学科知识体系构建"展开了热烈讨论。

2022年，对计算广告领域乃至整个广告学理论研究领域而言，都是一个具有里程碑意义的年份。一批与计算广告相关的科研项目，在全国各级各类科研项目的立项名单中榜上有名。值得关注的是，在2022年9月30日公布的"2022年国家社科基金年度项目和青年项目立项名单"和2022年11月28日公示的"2022年国家社科基金后期资助暨优秀博士论文出版项目立项名单"中，郑州大学新闻与传播学院马二伟教授负责的"广告算法陷阱及其治理研究"和暨南大学新闻与传播学院林升梁教授负责的"计算广告的隐私问题及其治理研究"获得立项，这是作为新兴学科的计算广告科研项目首获国家社科基金重点项目立项，是迄今为止计算广告在国家最高级别科研立项中所取得的重大突破，显著提升了计算广告作为新兴学科在国家社科研究领域当中的学术分量。此外，在2022年9月30日公布的"2022年国家社科基金年度项目和青年项目立项名单"中，江西师范大学新闻与传播学院蔡立媛负责的"智能广告伦理风险与监管研究"、上海大学新闻传播学院刘志杰负责的"智媒时代互联网广告的平台垄断及规制研究"和徐州工程学院人文学院袁建负责的"自媒体广告乱象的生成逻辑、负面效应与治理机制研究"也榜上有名。上述科研项目的正式立项，从一定程度上反映了国家对计算广告治理的重视与我国计算广告领域科研所取得的进步，从另一个侧面来讲，也是我国计算广告学术研究水平的具体体现。

2022年，国内计算广告研究领域的学术著作与硕博士论文也在持续产出。2022年3月，由华南理工大学段淳林教授编著的《计算广告学导论》（华中科技大学出版社）出版，该书是继 2021 年暨南大学林升梁教授出版的《计算广告学》（中国人民大学出版社）之后的第二部教材，两书对计算广告伦理道德问题均设有专门章节进行论述，丰富了计算广告学的学科建设。2022 年，多位硕士研究生以计算广告伦理及其治理为选题的学位论文通过答辩，如"计算广告接受行为的影响因素研究""感知风险和感知收益对计算广告用户态度的影响：隐私关注的中介作用""计算广告客观特性和主观特性对用户态度的影响：感知隐私关注的中介作用""中国互联网广告'隐私悖论'解决方案探析——行业隐私保护策略的对比""针对行为定向广告的个人信息保护法律问题研究"等，这些研究大大拓展了计算广告隐私问题及其治理研究的深度和广度。以上论著体现了 2022 年我国计算广告相关伦理研究的蓬勃发展。

在计算广告期刊论文的发表方面，以"计算广告"为篇名、关键词和摘要在中国知网（CNKI）平台高级检索相关期刊文献，结果显示，2022 年共有 75 篇相关论文被收录。其中具有代表性的是暨南大学杨先顺教授和博士研究生莫莉在《新闻大学》2022 年第 11 期上发表的"智能营销传播中基于算法推荐的个性化广告'可供性浮现'实证研究"一文，以及两人在《学术研究》2022 年第 3 期合作发表的"人工智能传播的信任维度及其机制建构研究"，该文获得了 2022 年第 29 届中国广告长城奖学术类银奖（金奖空缺）。华南理工大学段淳林教授和博士研究生崔钰婷在《武汉大学学报（哲学社会科学版）》2022 年第 1 期上发表"颗粒度、信息质量和临场感：计算广告品牌传播的新维度——基于 TOE 理论的研究视角"一文，该文认为，新时期品牌传播理论亟须适应时代发展需要，并从思考信息精准化、互动个性化和场景多元化三个方面进行了分析。文章结合计算广告时代发展特性，对颗粒度、信息质量和临场感三个维度的概念加以延伸和发展，并在技术—组织—环境（TOE）理论框架中进一步探讨了三维度应用的可行性与必要性。

运用 CiteSpace 软件对 2022 年发表的 75 篇"计算广告"期刊文献进行聚类分析，可以看到，以"隐私保护"为核心节点，形成了围绕"智能广告""隐私""数据安全""隐私计算"等元素的节点群（见图 1），说明该主题的重要性日益凸显。

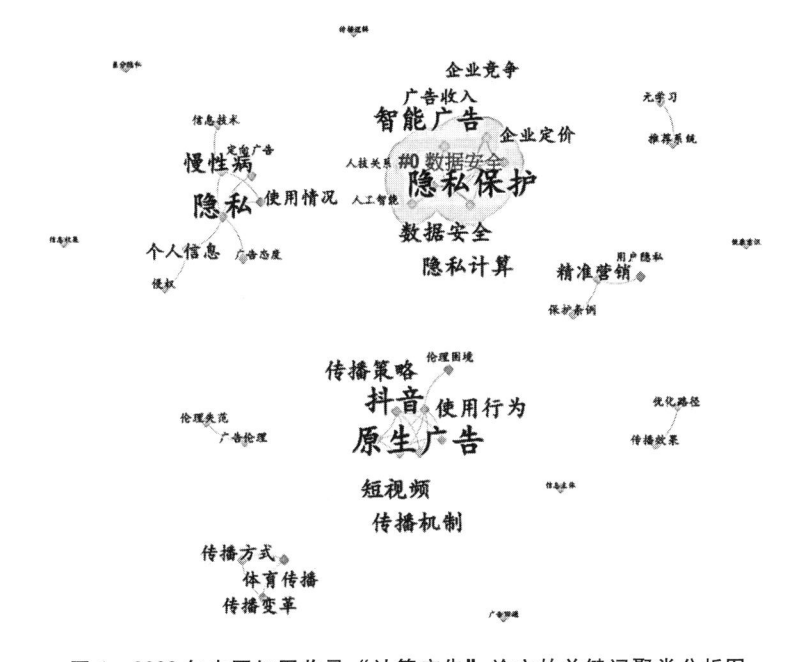

图 1　2022 年中国知网收录"计算广告"论文的关键词聚类分析图

回望 2022 年，北京大学、清华大学、复旦大学、中国人民大学、武汉大学、华中科技大学、华东师范大学、华南理工大学、中国传媒大学、暨南大学、上海大学、上海外国语大学等高校的诸多学者在各种期刊或会议上发表了计算广告类别的学术文献，这标志着计算广告正以一种昂扬姿态步入中国广告学术的舞台中央，全面重塑着中国特色广告学研究的历史格局。而对于计算广告隐私保护的相关实践和研究，也为计算广告的持续健康发展以及中国广告产业的高质量发展，提供了必要基础保障和持续强劲动力。

【参考文献】

[1] 陈际红. 网络安全与数据保护2022年度法律观察与2023年前瞻[EB/OL]. (2022-12-26)[2023-07-07]. https://www.zhonglun.com/Content/2022/12-26/1322275448.html.

[2] 中国网信网. 国家互联网信息办公室有关负责人就对滴滴全球股份有限公司依法作出网络安全审查相关行政处罚的决定答记者问[EB/OL]. (2022-07-21)[2023-07-07]. http://www.cac.gov.cn/2022-07/21/c_1660021534364976.htm.

[3] 国家互联网信息办公室,等. 网络安全审查办法[EB/OL]. (2022-01-04)[2023-07-07]. http://www.gov.cn/zhengce/zhengceku/2022-01/04/content_5666430.htm.

[4] 中国消费者协会. 2022年个人信息保护领域消费者权益保护报告[EB/OL]. (2023-03-08)[2023-07-07]. https://www.cca.org.cn/xxgz/detail/30617.html.

[5] 今日头条. 隐私计算头条周刊(10.23—10.29)[EB/OL]. (2022-11-02)[2023-07-07]. https://www.toutiao.com/article/7161225508196663842/?wid=1681735050682.

[6] 刘燕南,吴浚诚. 互联网原生广告中隐私悖论的嬗变与规制[J]. 当代传播, 2019(6):84-87.

[7] 罗汉堂. 理解大数据:数字时代的数据和隐私(2021)[M]. 杭州:浙江出版集团数字传媒有限公司, 2021.

[8] 国家互联网信息办公室,等. 互联网信息服务算法推荐管理规定[EB/OL]. (2022-01-04)[2023-07-07]. http://www.cac.gov.cn/2022-01/04/c_1642894606364259.htm.

中国程序化广告发展报告（2022）

陈韵博* 甘露颖** 林韵程***

摘　要：本报告从市场规模与增长态势、产品和技术持续优化升级、产业生态于竞争中逐步完善、产业规范进一步提升等四个方面，总结了2022年中国程序化广告产业的发展情况，并对2022年中国程序化广告的教育与学术发展进行了回顾。

关键词：程序化广告；广告产业；产业生态

Abstract：This report summarizes the development of China's programmatic advertising industry in 2022 from four aspects, including market scale and growth trend, continuous optimization and upgrading of products and technologies, gradual improvement of industrial ecology in competition, and further improvement of industry regulation. Meanwhile, this article reviews the education and academic development of programmatic advertising in China in 2022.

Keywords：programmatic advertising；advertising industry；industrial ecology

---

* 陈韵博，暨南大学新闻与传播学院广告教研室主任，副教授，硕士研究生导师。
** 甘露颖，暨南大学新闻与传播学院2022级硕士研究生。
*** 林韵程，暨南大学新闻与传播学院2022级硕士研究生。
本文系2023年广东省研究生教育创新计划项目"暨南大学—舜飞科技联合培养研究生示范基地"、2022年度广东省教育科学规划项目（项目编号：2022GXJK136）阶段性成果。

一 引言

基于数据驱动的程序化广告利用技术手段进行实时的广告交易和管理，通过算法、数据和技术实现精准的目标受众定向投放，帮助公司简化流程，提高目标定位能力，调整广告投放策略，降低管理成本，实现各方利益的最大化，因此已经成为营销人员的一个重要工具。在过去十年中，全球程序化广告市场快速增长，到2023年，程序化广告支出预计将超过5 000亿美元。

回顾2022年，从年初至第二季度，国内广告市场遭遇了罕见的"寒流"，部分城市因为受疫情影响而实施管控，诸多品牌的广告预算出现下滑趋势。进入下半年，广告市场回暖的转机开始出现，逐步从"U形"底部走向复苏。2022年年末，中国广告协会会长张国华指出，我国数字广告已经成为数字经济的核心产业，市场规模达到万亿，占广告行业整体份额的七成以上。[1] 在宏观行业背景之下，随着技术不断迭代成熟，产业生态日趋完善，程序化广告已成为广告市场的重要助推器和强心剂。

二 2022年度中国程序化广告产业发展状况

党的二十大报告提出，要贯彻新发展理念，推动高质量发展，建设现代化产业体系，加快建设网络强国、数字中国。[2] 互联网广告产业的健康发展对拉动消费、扩大内需、促进数字经济高质量发展、传播中华文明等具有重要意义。基于"十四五"宏观规划布局和全产业链数字化转型趋势，并受范围经济转型与平台生态建构的影响，中国程序化广告已经成为互联网营销市场的主要形式之一，并且持续保持高速发展的态势，其市场规模将不可限量。

（一）市场规模与增长态势

1. 市场规模持续扩大，直接程序化成为主流

2022年，疫情仍然牵制着广告市场的宏观发展，中商产业研究院预测数据显示，2022年中国程序化广告市场规模达442.8亿美元。[3]程序化广告市场规模的不断扩大主要有两方面驱动因素：首先是程序化广告在数字广告中的渗透率不断提升；其次是移动应用的数量增多，大量中小移动App产生的广告需求为移动程序化广告市场的蓬勃奠定了基础。[4]

虽然互联网广告市场规模增速放缓，但是企业在适应中依旧不断探索新的数字广告增长机会。在效果目标的驱动下，程序化广告助力广告主建立自身的数据中台和数据能力，流量生态已经从粗放买量过渡至精细化运营。互联网、人工智能、大数据、云计算等数字科技通过变革传统广告模式，推动了PDB（程序化直接购买）模式的发展，使资源得到新的更优配置。大量资源信息的无缝对接和数据瞬间自动化匹配有效刺激了用户的消费需求，使PDB在程序化交易中越来越受到品牌广告主欢迎，也为广告市场的再度复苏保留了火种。相关统计数据表明，公开交易市场里RTB（实时竞价）流量的占比从2015年的70.5%，到2017年的35.6%，到2019年字节跳动、阿里巴巴等巨头关闭第三方公开竞价，市面上公开的RTB流量已经低于25%。[5]

2. 多屏移动程序化增长显著，应用情境越发丰富

过去的5到10年间，国内媒介市场风云变幻，媒介形式多样，内容模式多元，对用户注意力的争夺白热化。移动互联网时代，受众的注意力游移在各个移动终端之间，媒介碎片化格局基本稳定，广告信息的传播也从单一固定接收端向智能多移动终端联动转变。程序化广告市场中，预计到2027年，79%的广告支出将来自移动端，多屏移动程序化增长显著。[6]多屏移动程序化的广泛应用进一步打通了线上社群与线下场景，把阅读、社交、购买、分享等功能嵌入大众生活中，在手机、平板、电脑、电影、电视五大屏幕上产生联动效应，利用传感器技术融合用户的视觉、触觉、听觉、嗅觉，让用户在作出决定之前即已获得良好的产品体验和品牌体验，进一步提高了广告转化率。[7]

程序化广告的发展依赖于大数据、人工智能等新技术的发展，尤其是在各领域的商业化应用极大地拓宽了新的广告服务领域，为程序化广告产业创造了新的增长点。集融媒体、电商、产品于一体的电商直播是2022年程序化广告促进实体产业发展的典型案例。秒针营销科学院发布的《2023中国数字营销趋势报告》指出，程序化广告中增加短视频、社交和电商投放的广告主比例高达79%、77%、57%，疫情封控促使家庭场景成为互联网广告投放热门领域。[8] QuestMobile数据显示，2022年上半年互联网广告中，家用电器行业广告主投放费用同比增长61%，其中，个护小家电广告投放费用同比增幅高达109.1%，生活电器同比增幅超60%。[9] 程序化广告应用情境越发丰富，实现了从品牌到效果的多元营销场景细分应用。

3. 广告主追求高性价比投放，巨头陆续成立自有广告投放平台

近年来，由于我国内外部经济运行环境复杂，企业面临消费增速放缓压力，降本增效成为基本面。2022年开始，营销数字化转型完成了从概念狂热到实操落地的转向。《2023中国数字营销趋势报告》显示，57.3%的广告主在2022年实际的数字营销投放预算同比增加。[8] 相较于2021年，虽然2022年的广告投放结构相对稳定，投放类型与具体行业状况未发生较大变化，但从广告媒体投放类型来看，传统广告颓势依然明显，各投放渠道均有不同程度的花费减少，广告主信心指数有所回落，对营销预算更为谨慎。[10] 与增量时代相比，持续优化营销ROI（投资回报率）成为从业者的共同课题，其中主要包括营销过程提效与营销效果优化。

广告主在广告预算层面转向大厂的私有化平台，采买头部媒体内部流量和大厂收拢的第三方流量，大厂间广告市场割据态势明显。程序化广告技术被应用到许多不同的行业和领域，包括零售、金融服务、旅游和娱乐等。在融入行业的同时，各个行业的巨头也陆续成立自己的广告投放平台，收纳广告主预算，同时也成立了自己的广告联盟，收拢外部第三方中小媒体方为自己的产品和广告主服务。[10] 例如 RT-BChina 最新发布的中国程序化广告技术生态图中，新增收录的综合大型投放平台之一 HUAWEI Ads 就是广告主华为旗下的广告科技业务平台，覆盖超 7.3 亿月活用户，同时 HUAWEI Ads 也被收录进 Ad Exchange & SSP（广告交易平台和供应方）、Data Supplier & Data Management（数据提供和管理）和 Programmatic TV（程序化电视广告）等类目。

（二）产品和技术持续优化升级

1. 注重用户体验，创新多元化产品矩阵

随着消费者数字化生活持续深入，企业的营销数字化进程也进一步加快。程序化广告可通过人群分层技术，应用追身定向与重定向策略以及联合频控技术，控制单用户广告曝光频次，提升用户的兴趣和购买转化率。2022 年，受疫情叠加、全球流量分散以及日益激烈的市场竞争等因素影响，广告主对于如何有效获取目标用户，有着更加强烈的需求。《2022 快手联盟生态白皮书》指出，网民对不同广告创意形式的感知存在差异，凸显了注重用户体验的重要性。[11]

消费者数字化消费行为展现出来的新趋势，迫使企业加大程序化广告应用程度，进行多元化产品矩阵的创新，从而不断强化用户体验。例如，2022 年 8 月 9 日，悠易宣布全资并购 LinkFlow，成立悠易科技集团，夯实数据云 LinkFlow 在优化用户体验上的作用，于产品层面深化全域产品矩阵，通过增强数据云的能力，加速私域布局，实现产品、技术、交付、生态等多方面的资源协同。[12]

新兴的程序化广告运作在利用产品体验全链路打通公私域的同时，也不断融合场景、精准、个性、互动、跨界、整合等理念来调整实践，并积极向社交媒体、电子商务等其他领域拓展。特别是伴随着移动互联网流量见顶，互联网用户的注意力呈现出一种典型的长尾分布形态，优质内容成为品牌成长的重要增量。[13]

2. 技术迭代改进，提升程序化广告效果

技术是引发广告产业变迁的核心力量之一。通过促进技术与数据、场景等其他要素的深度融合来寻求突破，成为创新广告业态的新路径。线上线下融合，短视频、电商直播等广告形态与智能设备及各种传感设备的融合，已经形成新的营销传播模式。在内生动力的驱使下，创新主体不断进行创新活动，新技术、新产业不断涌现，倒逼原有的技术和产业革新。互联网、大数据、AI、5G等颠覆性技术对广告产业带来的改变是革命性的，并在相当长一段时期内不断催生出新业态和新商业模式。

程序化广告技术也在不断改进，如Marketing API（营销应用程序接口）、RTA（实时应用程序接口）、隐私计算、联邦计算等新技术层出不穷，不断地优化和升级迭代，促进更好的广告效果和更高的效率，增强了广告主的广告投放意愿。技术和数据能力的发展，极大地改变了营销逻辑，借助先进的信息技术，链接人工智能、大数据、云计算、区块链、5G、物联网、虚拟仿真等前沿技术领域的研发与基础科技的攻关，"人机协同"的作业方式，不仅提升了程序化广告效果，还更加深入地打通了整个营销链路，赋予营销传播更为智能、更为高效、更为敏捷的力量。

（三）产业生态于竞争中逐步完善

1. 媒介资源互通，构建闭环营销生态圈

技术发展使媒介资源实现互通。在当下互联网存量竞争阶段，大量优质媒介资源进入程序化市场，程序化广告成为媒体流量变现的重要手段，以"程序化+"打造营销闭环的方式在与户外广告和联网电视广告的结合中尤为明显。

近年来，中国市场积极探索户外广告的程序化转型，需求端、供给端与宏观侧的外部驱动力为程序化户外广告的发展提供了机遇。程序化户外广告用新型的以技术为驱动的模式取代了以资源为驱动的传统户外广告模式，是户外媒体数字化转型的革命性突破。2017年RT-BChina首次增加了程序化户外广告类目，截至2022年6月已经有19家公司被纳入其中，新增收录Asiaray（雅仕维）、滴滴（2022年4月车载广告屏装置专利获批）。[14] 2022年11月，Hivestack（巢仕达）与分众传媒建立合作伙伴关系，为全球广告主提供进入中国各级市场的全新优质媒体路径，在技术和数据的加持下，程序化DOOH（数字户外媒体）为品牌持续赋能。媒体公司也越来越倾向于通过程序化广告促进DOOH营收，形成闭环技术生态圈，这也为中国DOOH的行业发展与共赢开拓了新思路、新模式。

随着程序化广告向智能化广告过渡，数字和程序化技术推动着整个生态系统的创新，使程序化广告扩展到更多的平台，联网电视（CTV/OTT）也加入了程序化阵营。历年更新的中国程序化广告技术生态图自2015年加入"程序化电视广告"板块后，其成员规模不断增加。随着越来越多的用户开始使用智能电视、流媒体播放器、OTT盒子等联网电视设备观看视频内容，智能大屏近几年在数字化领域快速突破，积极配合广告程序化增长快于预期的高速发展节奏。根据《2023中国数字营销趋势报告》对数字广告流量的洞察分析，近五年来智能大屏广告流量持续增长、份额翻倍，即使在2022年仍不减增长态势。预计2023年，19%的广告主将在智能大屏端增加投放预算，OTT内容运营商、OTT硬件厂商与投屏电视将成为品牌最主要的增投类型。[15]

2. 巨头企业割据，独立第三方平台发展受限

中国市场一直是全球各大广告集团的重要战略目标，现有格局下的程序化广告交易市场已基本被"大型科技公司兼媒体平台"以其闭环生态产品分割占据完毕。近年来，在头部联盟位置稳定、中小联盟同质化严重的竞争格局下，国内市场头部流量平台在广告市场的占有率很高，以阿里巴巴、字节跳动、腾讯、百度等为代表的互联网企业不断强化自身的广告平台属性，阿里妈妈、巨量引擎、腾讯广告、百度营销四大头部广告平台已经占据中国互联网广告78.2%的市场份额，十大头部广告平台市场份额达到84.85%。[16] 向聚合统一的大平台演进有利有弊，一方面数据平台可以联动更多维度的数据，为广告主提供更多样化的数据服务和产品，且每种产品形态都有规则制定者及引领者，会使得整个业态秩序趋于和谐稳定。但是另一方面，"马太效应"与"围墙花园"在一定程度上也会影响整个业态的发展及持续进步，且既当裁判员又当运动员的情况也时有发生。[17]

头部流量平台构建了多元化的产品矩阵，媒体资源丰富，流量优势明显。相比之下，第三方平台缺乏对于垂直领域的深耕和技术迭代，加之行业进入门槛相对较低，新进入者多采取低价策略，导致竞争加剧、行业利润空间下降、客户资源分散，因此独立第三方广告平台的生存空间被不断压缩，难以持续获得较好利润回报。为了突破发展受阻的局面，需要提高广告投放管理效率，加强对品牌主的服务能力，从而提升对媒体平台的议价能力。当前基本固化的程序化广告交易秩序未来有待全新的媒体形态和硬件生态，例如 AR/VR/元宇宙/AIGC，来触发变革，产生新的机会。

（四）产业规范进一步提升

随着产业生态和技术的发展以及法律规范的完善，程序化广告因为快速发展而带来的无序状态得到很大改善，走上了日益规范化的道路。

1. 市场监管力度加大

无论是线上线下互动、上下游相关产业的整合，抑或是全产业链的数字化转型，都扩大了程序化广告的影响范围，但这并不意味着程序化广告的产业边界可以无限制扩张，除了遵循技术、市场、价值规律，程序化广告产业的发展还被置于一定的制度框架下。

除了《广告法》《互联网广告管理暂行办法》等行业性法律法规的出台与修订外，我国对程序化广告产业的治理与对互联网平台的治理始终相随。近年来，国家法律法规和监管措施陆续出台，互联网广告违法现象呈现下降趋势。与此同时，互联网广告市场主体的自律和规范意识也在逐渐增强，尤其是大的互联网广告平台已经投入大量资源进行自律审查，在用户体验层面加以优化改进。

《互联网信息服务算法推荐管理规定》于2022年3月1日起正式施行，互联网信息服务算法推荐得到规范，从而维护国家安全和社会公共利益，保护公民、法人和其他组织的合法权益。2022年国家网信办启动了十项"清朗"专项行动，深入整治网络直播、短视频、MCN（多频道网络）机构、算法、流量造假、黑公关、网络水军等，对自动化决策、人脸识别技术等的规范也体现出"制度逻辑对于技术进行的选择和规制"[18]。在监管和自律的双重举措下，程序化广告正朝着高质量发展方向迈进。

2. 更加注重用户隐私安全

程序化广告投放的核心能力在于人群的定向能力，随着隐私保护机制的推行，用户被赋予更大的选择权。苹果隐私新政实施之后，其影响已经逐渐扩大到安卓领域；谷歌在Android Q之后禁止非系统App对原生设备识别码即IMEI和Device ID的读取。程序化广告赖以生存运行的受众识别机制（例如广告标识符）可自由获取的空间日益缩小，用户画像与设备标识物的映射关系的优势近乎归零，导致部分流量在公开竞价的程序化广告场景下处于不可精准定向的状态。在后IDFA（广告主标识符）时代，行业整体的震荡仍在持续。

2022年7月27日，中国广告协会正式发布《移动互联网应用程序广告行为规范》《移动互联网启动屏广告新型交互行为技术要求》《互联网广告发布审核规程》三项团体标准，强调要尊重用户知情权、选择权，要加强数字广告行业当中的数据安全和用户个人信息保护。这三项标准从广告内容审核和广告行为的规范性方面，对广告展示、点击、关闭、自动化决策推送、应用分发、投诉等行为提出了具体准则，对于程序化购买的安全与透明性要求更加突出，为互联网广告业高质量创新发展提供了指引。

与此同时，《个人信息保护法》《网络安全法》《数据安全法》三部法律的实施，构建起一套相对完善的安全认证体系，有助于提升程序化购买的安全性与透明度。相关法律规范特别强调了保护数据安全的必要性，同时也明确了个人信息的范围，以及各类 App 在收集、提供个人信息时的"最小必要"原则，对个人隐私的保护起到了至关重要的作用。

短期来看，流量方的人群定向能力因相关隐私保护政策受到影响，导致广告主可能会减少预算支出。长期来看，规则的明确与监管的加强，在给整个行业带来更高要求的同时，也驱动着各方积极创新，探索更加安全、高效的数据利用方式，对于数字营销而言是一种良性的引导，除了促进行业整体朝着更加规范、有序、健康的方向发展，也推动广告主将更多的资源投入创作优质素材、提升用户体验中，更有利于获得平衡、可持续的收益。[17]

三 2022年度程序化广告/计算广告教育发展状况

伴随着计算机科学和大数据技术的发展、成熟，及其对广告这一支柱性产业日益深刻的影响，广告业在整体创新升级的同时，其外部环境、基本内涵、运作模式、产业结构等都发生着巨大变化。自 2012 年中国程序化广告元年以来的十年间，程序化广告在中国迅速落地生根，使得计算广告这一跨学科、交叉性的全新概念得到学界的高度重视，也为广告专业的相关教育带来新的挑战。目前，中国已有多家高校开设程序化广告/计算广告的相关课程或专业，2022 年，专家学者们依托程序化广告在中国的行业实践和概念探讨，在学科发展、人才培养和教学模式三大方面推进程序化广告教育的蓬勃发展，探索专业转型和创新发展的新模式和新路径。

(一) 重视实践问题，坚持反思型学科发展

在程序化广告实践的过程中存在许多不足，需要重视与反思，这些得到了学者们的重视。段淳林教授指出，计算广告学科的构建与发展亟须在技术成熟运用和发展的基础上融入更多的人文因素，即需要考虑人、场景、关系等方面的复杂性因素，进一步拓展研究视野，丰富广告理论，为计算广告学科的构建和发展提供理论基础。[19]武汉大学廖秉宜教授认为，在行业发展变化迅速的背景下，研究程序化广告时要把握广告学的发展方向，不仅要思考如何重构广告理论，还要重视业界实践为广告学研究所提供的新的反思型问题。[20]

(二) 培养复合型人才，实现理论实践相促进

在技术快速发展的时代，人工智能等技术替代了许多原本由人来承担的工作，各行各业开始关注如何提高人的不可替代性，纷纷转向培养复合型人才。数字化、智能化广告产业对于人才的需求，也使得教育界更加注重对程序化广告复合型人才的培养。越来越多的专家学者意识到，程序化广告正在与其他学科产生交融，在此过程中需要解决底层融合问题，融合的关键是人才，因而在学科教育中要注重培养具有程序、媒介、创意、商业等思维的文理兼备复合型人才。

中国传媒大学于2021年开设广告学（计算广告方向，文、理双学士学位）复合型人才培养项目，积极开展文理交叉融合的新型人才培养模式，是呼应媒体智能化转型及新文科建设的重要探索。该项目组建了以广告学院和数据科学与智能媒体学院为主体，大数据中心和"中传云"平台提供算力保障和技术支撑的专业建设架构，形成不同专业多兵种协同作战的高效机制，在课程建设过程中推动文理交叉理念的深度融合，探索文理协同的新机制和新模式。2022年7月22日，在专业建设推进一周年之际，中国传媒大学顺利召开"计算广告专业

建设研讨会",来自国内以及广告业界代表机构的专家相聚云端,对如何认识数字技术带来的广告产业结构及运作模式变化、人才培养的新要求、广告专业如何推进新型人才培养模式构建等关键问题进行了深入研讨。

2022年7月,华南理工大学新闻与传播学院获批"新闻传播学"一级学科博士学位授权点,其中特色方向"计算广告与品牌传播"以广东省新媒体与品牌传播创新应用重点实验室和广东省大数据与计算广告工程技术研究中心两大科研平台为依托,注重与软件工程、计算机科学及工商管理等学科开展跨学科合作,推动大数据和品牌传播创新、计算广告、智能营销、组织传播与管理等领域的交叉研究。为进一步凝聚学界、业界经验,华南理工大学新闻与传播学院于2022年11月举办了主题为"计算广告与品牌传播的学科建设与人才培养"的智慧传播与计算广告发展论坛,深入探讨智慧传播时代下计算广告发展的前沿课题,推动相关领域的理论创新与研究方法创新,为广告和传播的未来纵深开拓提供更大的空间与可能。

(三)深度融合的课程体系与产学合作型教学模式

截至2022年,中国传媒大学、暨南大学、武汉大学、中国人民大学等高校均开设了计算广告课程,其中包含程序化广告的相关内容教学。计算广告不仅带来了与传统广告传播业态截然不同的新模式,还不断地与原有的广告学及其他相关学科的知识结构和课程体系进行碰撞与融合,教学模式也基于产学合作不断推陈出新。

在2022年7月22日中国传媒大学召开的计算广告专业建设研讨会上,中国传媒大学数据科学与智能媒体学院副院长孟放副教授指出,计算广告专业作为学校推动学科交叉融合的试点,需要打造深度融合的课程体系,将数据类课程与广告应用相结合,培养学生面向未来发展的应变能力。在教学实践中,数智学院教学团队梳理了数十门课程内容,重新整合、分级、分模块融入计算广告专业培养体系。黄升民教授提出广告专业教育必须和产业相结合，将数字传播环境时代下的改变落实到课程和专业，注重加大专业和社会实践的联动，结合社会企业的资源，嫁接其探索经验和体系。[21]

技术的发展使得学界研究和专业教育滞后于业界实践的情况愈加明显，多所高校也对此进行了教学模式的诸多探索和改革。2022年5月，中国传媒大学举办的"程序化广告的进阶与计算广告的教学探索"专题讲座上，姜智彬教授分享了计算广告领域教学面临的核心问题、可能的课程资源及教学切入点，并围绕程序化广告的定义、计算广告的技术基础、智能化广告的自主性等主题展开交流。2022年12月3日，由上海外国语大学、中国新闻史学会广告与传媒发展史专业委员会主办的"2022年计算广告教学国际学术研讨会"在线上隆重举行。来自南伊利诺伊大学、佛罗里达大学、北京大学、中国传媒大学、暨南大学等高校的近60名专家学者围绕计算广告的教学进行了深入的探讨和分享。

当前的计算广告课程教学，大都采取产学合作的混合型教学模式，前期由高校老师教授理论知识，后期由业界专家进行业务指导，并让学生参与程序化广告实际投放，提高学生的动手能力及多维度思考能力，最后的课程考核也分成理论和实践两部分进行。这样的做法在促进素质教育、理论教学、业务能力提升的同时，也有利于产学研用的良性发展。

四　程序化广告的学术研究成果

程序化广告的健康、有序发展离不开产学研三方在上、中、下游的通力合作。三方共同推动程序化广告领域的发展，促进技术创新、人才培养和行业规范的提升，以构建更加高效和可持续的广告生态系统。其中，学术界以其特有的理论研究能力、数据分析能力、技术创新能力、伦理指导能力发挥着独特的作用。因此，了解2022年度程序化广告的学术研究成果对领域发展有着重要的参考意义。

（一）复杂现状的多面向梳理，动态关注领域未来发展的可能

将程序化广告置于更大的范畴中考量，是研究从正面回应发展需求的表现。

放眼广告产业，曾琼与马源基于技术可供性的视角，分析计算技术对广告产业发展的嵌入。其研究提出了计算技术之于广告产业的四种主要感知可供性，分别为数据集成与分析可供、行为定向可供、人机协同可供、媒介兼容可供。检视计算技术可供的现有实践成果，研究发现，现阶段发展在消费者识别、广告投放、程序化创意等方面仍存在不足，并分析了多重限制性因素，以期优化后的广告产业可获得进一步的智能化发展。[22]

基于数字营销背景下的广告领域，陈刚与高腾飞对效果广告的概念及其研究面向展开了讨论。研究构建了效果广告研究框架，并提出了制度约束、新兴技术、品效合一、公益广告等未来需要进一步研究的议题。[23]段淳林重点关注计算广告，从用户、内容、算法、场景、优化等多个角度总结技术变革背景下中国计算广告的发展特征，并基于此提出营销科学化下的心智计算、逆价值链增长的计算广告发展模式、智能化交易的广告代理模式、创意科学化、计算物联网广告等发展趋势。[24]秦雪冰则对智能广告的业界、学界话语体系，演进过程、逻辑、机理等作了详细的梳理，让智能技术和市场主体价值之间的丰富关系得以展现。[25]而在数字广告这一侧面，王静等人的研究旨在厘清数字广告的概念，并通过数字化、程序化、平台化的特征总结，预测了未来发展趋势。[26]李盛楠使用 CiteSpace 软件对 2011—2021 年 WOS 文献库中的 1 172 篇数字广告相关文献进行了知识图谱分析，直观地展现了 11 年间数字广告研究的整体态势、合作网络、知识基础、研究热点、演进过程等，发现了现有研究在理论方法创新、样本多样性、社会多元文化情境匹配等相关问题上的不足，并基于此提出未来

相关研究的建议。[27]

（二）跨学科跨视野的融合观照，持续推进理论与应用发展

程序化广告以大数据与相关技术为原动力，以企业、消费者等多重主体的心理、行为为方向盘。针对这两者背后显示出的技术与人文这两个面向，跨学科视野可以充分帮助人们深入理解相关研究。

从主体面向来看，前文提到的曾琼等的研究引入了生态心理学界的可供性理论，助力对技术与组织间的关系作出思考。同时，该研究还进一步反思了目前程序化创意未能针对目标消费者智能化生产、程序化交易未能解决受众精准定向等问题，并提出可供嵌入下的智能一体发展的解决路径。刘通等的研究则侧重于消费者心理，在文献计量的基础上对计算广告的产生与发展进行解析。为寻求数据悖论、决策短视等现存问题的解决路径，研究关注了计算广告从数据协同到心理协同的转向，巧借心理学对消费者行为做出更深刻的理解，以实现对消费者画像的深度描摹、广告内容的智能生成与广告程序化投放的迭代学习。[28] 而林宗平等的研究则直接切换成用户视角，探讨在移动广告的应用中，用户资产的程序化价值变现问题。[29]

从技术面向来看，有研究专门分析独立DSP（需求方平台）的数据能力、基于AI的产品体系与智能投放的布局等；还有研究简要分析了程序化广告的数据来源、数学模型、投放因素、场景应用等。然而，结合计算机科学等领域视角讨论程序化算法具体如何优化、数据如何更精准获取或管理的研究并不多见。

更多研究融合了技术与人文两个面向，对程序化广告做出了自己的思考。如段淳林等使用技术—组织—环境（TOE）理论框架和创新扩散（DI）理论，形成了对计算广告时代的品牌传播从宏观（环境生态）到中观（组织对技术的采纳）再到微观（用户对技术的采纳）的全面洞察。研究将计算机科学、神经科学、心理学、统计学等领域中的颗粒度、信息质量和临场感三个概念应用于广告和传播理论中。其

中,颗粒度的概念与程序化广告密切相关,其首次被引入广告学研究领域始于 2016 年 Busch 等专家共同编撰的论文集《程序化广告》[30]。后续研究进一步提出颗粒度可以为程序化广告中每个目标创造附加值[31],这契合了程序化广告以人为本的精准定向人群的特征[32]。

还有研究将程序化作为数字化、智能化转型等的必备思维和手段,融合进各个传统领域。如张庆园等探索了程序化运作逻辑为纸媒赋能的全新可能,包括在平台搭建、服务支撑、业务创新、客户培育四个方面的系统推进,以实现媒介间的深度融合。[33] 嵇大伟则探索程序化购买在出版领域图书精准营销转向中的可能性。[34]

(三) 因时因地制宜,规范与伦理引领行业可持续发展

在智能化时代发展的过程中,开放包容的乐观心态与审慎警惕的严肃思考都很有必要。学术界对程序化广告发展过程中的规范与伦理等相关问题的讨论从未停歇。

针对法律规制问题,赖雅欣聚焦程序化户外广告市场,通过对比分析美国、欧盟以及我国在个人移动数据和面部数据保护上的法律措施,为我国该领域制定行业标准提供参考。[35] 陈太清等从代表性 App 的法律风险分析入手,探讨个体的人格权和隐私权等法律问题。[36]

针对伦理规范问题,魏中曼和穆思颖在研究中分析了计算广告场域内的分析、投放和交易三大互动环节中的隐私侵犯、工具理性、平台垄断和利益黑箱四大行动者伦理失范问题,并以场域理论为指导分析了成因,进而从自律和他律两个方面提出解决思路。[37] 刘宝珍和马孝真针对消费者数据的不当利用问题,相应地提出从技术、立法、平台自律及社会监督等层面系统化规避风险的举措。[38]

综上所述,研究脉络的梳理与审视,理论与应用的持续更新,行业标准和伦理法律的严密制定等皆对程序化广告的发展具有深远的指导意义。

五 结语

2022年是不平凡的一年，我国广告产业逐渐从疫情当中复苏。在广告市场恢复的同时，国家和社会高度重视智能化时代背景下的广告业生态建设，业界学界专家都更加注重程序化广告的有序、精准、高效发展，程序化广告的研究不断深入细化。未来，新兴技术产品的整合，应用场景的拓宽，外部规范的持续加强，将为程序化广告的发展给出中国答案。

【参考文献】

［1］张国华. 在创新与规范中发展中国互联网广告产业［J］. 市场监督管理，2022（22）：50-51.

［2］习近平. 高举中国特色社会主义伟大旗帜 为全面建设社会主义现代化国家而团结奋斗：在中国共产党第二十次全国代表大会上的报告［R/OL］.（2022-10-25）. http://www.gov.cn/xinwen/2022-10/25/content_5721685.htm.

［3］中商情报网, 2022年中国互联网营销行业市场规模预测分析［R/OL］.（2022-08-15）. https://www.163.com/dy/article/HEQGBEMS051481OF.html.

［4］2022年程序化广告行业发展现状及竞争格局分析［R/OL］.（2022-06-27）. https://www.vzkoo.com/read/20220627c6d2619edbe05bb5c5dbc004.html.

［5］2022年程序化广告还有未来么？：程序化广告简史和趋势［R/OL］.（2023-02-17）. https://zhuanlan.zhihu.com/p/621265121.

［6］Digital Advertising-Worldwide［R］. Statista, 2023.

［7］杨秀. 智媒时代程序化户外广告研究报告［J］. 亚洲户外，2021（6）.

［8］2023中国数字营销趋势报告［R］. 秒针营销科学院, GDMS, 媒介360, 2023.

［9］QuestMobile. 2022互联网广告市场半年大报告［R］. 2022.

［10］CTR洞察. 2022广告市场年度盘点：整体花费减少11.8%，下半年回升迹

象明显[EB/OL].(2022-06-14).https://www.itopmarketing.com/info12630.

[11] 2022快手联盟生态白皮书[R].快手联盟,磁力引擎,秒针系统,2023.

[12] 悠易科技并购LinkFlow,完成2 000万美金D+轮融资[R/OL].(2022-08-07).https://www.sensorexpert.com.cn/article/91385.html.

[13] 李哲宇.长尾流量广告的程序化购买模式:一个消解主流文化和亚文化差异的力量[J].国际品牌观察,2022(9):72-75.

[14] RTBChina.中国程序化广告技术生态图[EB/OL].(2022-06).https://www.rtbchina.com/china-programmatic-ad-tech-landscape.

[15] 谭北平.北平观察|2022年哪些广告主在增投智能大屏[EB/OL].(2023-02-26).https://lmtw.com/mzw/content/detail/id/222072.

[16] 2021中国互联网广告数据报告[R].中关村互动营销实验室,联合普华永道,秒针营销科学院,北京师范大学新闻传播学院,华扬联众数字技术股份有限公司,2022.

[17] TalkingData:AI不是万金油,理想的程序化广告离不开人文的力量[R/OL].(2022-07-01).https://www.shangyexinzhi.com/article/4975867.html.

[18] 于小川.技术逻辑与制度逻辑:数字技术与媒介产业发展[J].武汉大学学报(人文科学版),2007,60(6):872.

[19] 段淳林,崔钰婷.广告智能化研究的知识图谱[J].新闻与传播评论,2021,74(1):56-67.

[20] 武汉大学媒体发展研究中心.珞珈问道|姜智彬:程序化广告的发展和计算广告的学科体系[EB/OL].(2022-07-18).https://mp.weixin.qq.com/s?__biz=MzIzMjc1OTM2OQ==&mid=2247503710&idx=1&sn=5609836f39d105dac1a919e507afcb8d&chksm=e8928678dfe50f6e96ab1cf2154af31f62210cb5203035cb743bf3a2812ca7036c361a3c36c&scene=27.

[21] 聚焦|中国传媒大学召开计算广告专业建设研讨会[R/OL].(2022-08-01).https://mp.pdnews.cn/Pc/ArtInfoApi/article?id=30305343.

[22] 曾琼,马源.计算技术对广告产业发展的嵌入:基于技术可供性的视角[J].现代传播(中国传媒大学学报),2022,44(7):128-136.

[23] 陈刚,高腾飞.效果广告的概念及其研究面向[J].现代传播(中国传媒大学学报),2022,44(5):33-42.

[24] 段淳林. 技术变革背景下中国计算广告的发展趋势［J］. 山西大学学报（哲学社会科学版），2022，45（5）：96-104.

[25] 秦雪冰. 技术嵌入与价值取向：智能广告的演进逻辑［J］. 湖北大学学报（哲学社会科学版），2022，49（1）：171-179.

[26] 王静，邢饶佳，张猛. 数字广告：概念、特征与未来［J］. 中国广告，2022，346（10）：68-73.

[27] 李盛楠. 数字广告的研究现状、知识基础与热点趋势：基于WOS 2011—2021年文献的知识图谱分析［J］. 新媒体研究，2022，8（3）：6-16.

[28] 刘通，黄敏学，余正东. 心理协同视角下的计算广告：研究述评与展望［J］. 外国经济与管理，2022，44（7）：101-125.

[29] 林宗平，杨静，李建锋. 用户资产的程序化价值变现逻辑旨归［J］. 中州大学学报，2022，39（3）：37-42.

[30] BUSCH O. Programmatic Advertising［M］. Berlin：Springer，2016.

[31] 段淳林，崔钰婷. 颗粒度、信息质量和临场感：计算广告品牌传播的新维度：基于TOE理论的研究视角［J］. 武汉大学学报（哲学社会科学版），2022，75（1）：79-90.

[32] 梁丽丽. 程序化广告：个性化精准投放实用手册［M］. 北京：人民邮电出版社，2017.

[33] 张庆园，雷乐彬，于晓雯. 数字海洋中的纸质方舟：计算广告时代纸媒的价值跃升和程序化融合［J］. 南方传媒研究，2022，96（3）：53-60.

[34] 嵇大伟. 程序化购买：算法视野下的图书精准营销［J］. 新媒体研究，2022，8（6）：62-64，79.

[35] 赖雅欣. 程序化户外广告发展背景下受众隐私保护问题探究［J］. 青年记者，2022，718（2）：115-116.

[36] 陈太清，郁倩. "互联网+"时代下计算广告的法律问题及对策展望［J］. 山东商业职业技术学院学报，2022，22（4）：81-88.

[37] 魏中曼，穆思颖. 场域理论下计算广告的伦理问题及对策研究［J］. 新闻研究导刊，2022，13（6）：254-256.

[38] 刘宝珍，马孝真. 程序化广告的侵权风险及管控对策［J］. 今传媒，2022，30（11）：136-140.

中国元宇宙营销传播发展报告（2022）

朱　磊* 季欢欢** 郑文淮***

摘　要：本报告从国际竞争施压、国内巨头引领、疫情社会促就、中央地方支持四个方面，介绍了中国元宇宙营销传播兴起的背景，并归纳出其渐进式引爆、协同式跟进的整体发展态势。同时，本报告分别从人、货、场三个维度，回顾了2022年中国元宇宙营销传播业界的关注热点，即虚拟数字人、NFT数字藏品、元宇宙中的场景营销。另外，本报告也对2022年中国元宇宙营销传播的学术研究进行了重点回顾。

关键词：元宇宙营销传播；虚拟数字人；NFT数字藏品；场景营销

Abstract：This report introduces the background of metaverse marketing and communication in China from four aspects: pressure under international competition, leadership of domestic giant enterprises, social environment severely affected by the COVID-19, and support from the central and local governments. The overall development trend is summarized as gradual

---

* 朱磊，暨南大学新闻与传播学院广告学系主任，副教授。
** 季欢欢，暨南大学新闻与传播学院2022级传播学硕士研究生。
*** 郑文淮，暨南大学新闻与传播学院2022级传播学硕士研究生。

detonation and collaborative follow-up. Meanwhile, this report reviews the hot topics in the Chinese metaverse marketing and communication industry in 2022 from three dimensions: human, goods, and market, namely virtual digital humans, NFT digital collectibles, and scene marketing in the metaverse. Additionally, the report provides a focused review of the academic research on China's metaverse marketing and communication in 2022.

Keywords: metaverse marketing and communication; virtual digital humans; NFT digital collectibles, scene marketing

2022年，中国元宇宙营销传播实现了由虚构概念向初步实践的有益转化，迎来了一次全方位、多主体、开创性的革新尝试。各级政府理性看待新兴技术，审慎地将元宇宙纳入地方政府工作报告与相关产业规划，为元宇宙在中国营销传播领域的长足发展营造了优良的政策环境。基于此，大、中、小行业积极拥抱元宇宙营销传播，依据各自行业属性为元宇宙这一社会想象注入现实内容。学术界则围绕中国元宇宙营销传播开展了大量探索式研究，积蓄了众多有价值的理论养料。2022年，元宇宙显露出了更大的现实可能，其发展指向未来的社会形态，决定着未来的营销传播。

一 中国元宇宙营销传播的兴起

元宇宙营销传播，是指组织或个人运用元宇宙技术，通过配置时、空、物、人和价值等场景要素，连接虚拟、现实及其混合空间，围绕特定的营销传播目的，为满足自身、用户及社会价值而针对目标用户开展的一切沟通活动的总和。这里所说的元宇宙技术主要包括区块链技术、交互技术、电子游戏技术、网络及运算技术、人工智能技术和物联网技术等。1992年，美国科幻小说家尼尔·斯蒂芬森（Neal Stephenson）在其著作《雪崩》中首次提出了"元宇宙"概念。经过30

年的技术铺垫，相关技术要素开始产生群聚效应，"元宇宙"这一虚构概念逐渐显露出实现可能，为营销传播带来了崭新的思路。于是，在进入2021年后，世界各大科技巨头纷纷布局元宇宙，掀起了元宇宙建设热潮，并围绕元宇宙开展各式营销传播。中国的科技巨头也因势而动，相继进军元宇宙。2022年，根植于中国自己的技术土壤，在国家政策的引导支持下，中国元宇宙营销传播迅猛兴起，呈现出蓬勃发展的良好态势。

（一）国际竞争激烈，中国元宇宙营销传播势在必行

2021年，美、日、韩三国强势布局元宇宙，对中国科技产业的发展施加了极大压力。首先，美国作为传统的科技大国，再次充当元宇宙理念的开拓者、技术的领先者。2021年7月27日，美国科技巨头Facebook（该集团于2021年10月28日正式更名为"Meta"）高调入场，宣布将成立元宇宙团队并会在5年内转型为元宇宙公司，此举成功将元宇宙概念重新引入全球公众视野。2021年4月13日，美国游戏公司Epic Games宣布投资10亿美元打造元宇宙，其公司旗下游戏《堡垒之夜》被业界视为游戏行业首个可信的"元宇宙"虚拟世界。其次，韩国主要依靠政府力量有序有力地推进了该国的元宇宙发展。2021年5月18日，韩国信息通信产业振兴院联合25个机构和企业成立"元宇宙联盟"，旨在通过政府和企业的合作，在民间主导下构建元宇宙生态系统，在现实和虚拟的多个领域建设开放型元宇宙平台。再者，日本主要依托原有的游戏、动漫产业基础扎实地推进元宇宙建设。2021年8月初，日本社交网站巨头GREE称，将以子公司REAL-ITY为中心开展元宇宙业务，预计到2024年将投资100亿日元（约5.9亿元人民币），在世界范围内发展1亿以上的用户。

2021年下半年，世界各国陆续推进元宇宙营销传播，为中国元宇宙营销传播的兴起提供了诸多有价值的示范。例如，国际知名艺术拍卖行苏世比拍卖行成功入驻虚拟世界Decentraland，成为元宇宙营销传

播的先行者。在 Decentraland 中，地块借助 NFT（非同质化通证）机制成为稀缺资产，划分出高、低流量地块。这意味着，元宇宙中同样存在"黄金地段"，品牌方需提前抢占高流量地块为未来营销传播活动的开展奠定基础。与 Decentraland 类似，日本 VR 开发商 Hassilas 于 2021 年 8 月首创该国的元宇宙平台 Mechaverse。对于普通用户来说，此平台无须注册，通过浏览器可直接访问，实现了用户对元宇宙的低门槛体验；对于商务用户而言，此平台支持快速举办产品发布会、虚拟音乐会、虚拟体育赛事等常见项目，单一场景最多可同时容纳 1 000 名用户，极大地便利了企业对消费者的有效触达。

（二）国内巨头引领，构筑中国元宇宙生态基础

元宇宙的实现依托于多元技术基础。目前，我国在人工智能技术、物联网技术、虚拟现实交互技术以及区块链技术层面均已取得突破性进展，为元宇宙的发展奠定了坚实的技术基础。首先是人工智能方面，我国人工智能产业技术创新实力强劲、产业生态较为完备、融合应用丰富多样，跻身于全球第一梯队。中国信息通信研究院的数据显示，2022 年我国人工智能核心产业规模达 5 080 亿元，同比增长 18%。[1] 在虚拟现实产业方面，我国虚拟现实的传感、交互、建模、呈现技术不断成熟，终端市场规模迅速扩大，虚拟现实已展现出拉动新型消费的潜力。根据赛迪研究院统计，2022 年国内虚拟现实产业规模为 1200 亿元，预计到 2025 年将超 2500 亿元。[2] 在区块链方面，全球区块链产业格局基本形成，我国区块链产业规模仅次于美国。据中国信息通信研究院统计，截至 2022 年 9 月，全球共有区块链相关企业 6914 家，中美两国区块链企业数量处于全球领先地位，合计占比达 52%。[3]

与此同时，2022 年我国科技巨头面向元宇宙作出各类重大战略布局，采取"硬件+内容"的方式，融资元宇宙相关企业。2022 年 2 月腾讯首次出手 Web 3.0 项目，斥资 2 亿美元参投澳大利亚 NFT 游戏公司。2022 年 3 月，阿里巴巴牵头向国内知名消费级 AR 眼镜制造商

Nreal 完成 6000 万美元（约 3.8 亿元）C+轮投资，构建进入元宇宙的入口。2022 年 6 月字节跳动收购北京波粒子科技有限公司，将北京波粒子团队并入旗下 Pico VR 软硬件创业公司的社交中心，开始涉足二次元虚拟社交。

2022 年，中国元宇宙生态版图渐趋成形，无论是底层技术支撑、前端设备平台，还是终端的场景内容入口均得到高度关注，收获了大量投资，这为中国元宇宙营销传播提供了广阔的落地空间。

（三）疫情时期激发，公众积极拥抱元宇宙

2022 年，新冠疫情影响仍在扩散，受到出行限制的消费者将线下的生活转移到了线上，线上的文娱、购物、医疗、教育、办公等业务成为补充线下需求的新生力量，公众的数字消费习惯加速形成。线上消费习惯的养成大大提升了公众对元宇宙的接受度与期待值，促成各色元宇宙的火爆。例如，在习惯了二维化的电商购物后，消费者开始追求更加身临其境的线上购物体验。因此，具备三维化购物场景、个性化购物互动的电商元宇宙的出现受到消费者的热烈追捧。在即时通信、线上娱乐、线上教育、线上求职等的基础需求之上，涌现出了社交元宇宙、演艺元宇宙、旅游元宇宙、教育元宇宙、校园元宇宙、招聘元宇宙等丰富的元宇宙应用。这些元宇宙应用巧妙地打破了疫情造成的面对面交往限制，有效地弥补了线下互动不足的弱点，因此受到消费者的广泛欢迎。

（四）中央地方支持，政策推动元宇宙营销传播

2022 年，国家对元宇宙作出积极表态，指导我国发展元宇宙建设。2022 年 1 月，工业和信息化部有关负责人在中小企业发展情况发布会上表示，要特别注重培养一批深耕专业领域工业互联网、工业软件、网络与数据安全、智能传感器等方面的"小巨人"企业，培育一批进军元宇宙、区块链、人工智能等新兴领域的创新型中小企业。

除了国家层面对元宇宙产业化发展的指导和支持外，2022年以来，超过20个省市和地区以产业政策、政府工作报告、行动计划等形式提出元宇宙相关支持意见，提供培育土壤，扶持相关产业落地。2022年1月23日，成都市第十七届人民代表大会第六次会议开幕，首次将元宇宙纳入政府工作报告中。报告指出，在推动新经济新赛道加快布局方面，成都将大力发展数字经济，主动抢占量子通信、元宇宙等未来赛道，打造数字化制造"灯塔工厂"。2022年8月，北京市发布《北京城市副中心元宇宙创新发展行动计划（2022—2024年）》，提出要培育元宇宙四大产业链，并打造四大"元宇宙+"应用场景。其中，明确提出要打造"元宇宙+消费场景"：运用AI（人工智能）和虚拟数字人等技术产品，探索发展虚拟品牌代言和虚拟直播经济。

此外，各省市投入大量资金支持元宇宙建设。2022年5月底，广州市天河区成立元宇宙联合投资基金，参与的投资机构基金在管规模逾200亿元。6月中旬，上海提出在2022年将发起设立百亿级元宇宙新赛道产业基金，打造10家具有国际竞争力的头部企业、100家掌握核心技术的专精特新企业，并计划到2025年，上海元宇宙产业规模突破3500亿元。

二 中国元宇宙营销传播的整体发展态势

2022年，中国元宇宙营销传播行业呈现出从无到有、逐渐升温、进而火爆的整体发展态势。

（一）渐进式引爆，元宇宙营销传播形成全行业之势

2021年年底，国内只有少量科技企业和大品牌试水元宇宙营销传播，其标志性事件为百度"希壤"的发布。进入2022年，由于疫情因素影响，互联网流量见顶，其他行业随之跟进，中国元宇宙营销传播自2022年7月起逐渐升温，于8月至11月期间达到高峰。

2022年12月27日，首届元宇宙数字经济大会暨元宇宙数字经济百人论坛（智库）盛大召开。各行各业殷切关注元宇宙，共同商讨如何应对元宇宙带来的新业态、新模式。元宇宙数字经济百人论坛发起者、联合发起者、发起成员代表以及元宇宙数字经济领域知名专家、领军企业代表、行业组织代表等300多人通过线上方式参加此会议，3万多人通过大会直播矩阵观看了大会直播。会上，中关村数字媒体产业联盟智库主席何加正表示："党的二十大对数字中国建设已经作出全面部署，中央经济工作会议更是吹响了号角，元宇宙数字经济处在我国供给侧结构性改革和消费新需求的结合点上，是潜力最大的机会，希望大家在新的一年成为成功的'机会主义者'"[4]。

（二）协同式跟进，各营销传播环节接轨元宇宙

在公关领域，第七届中国内容营销高峰论坛的举办结合虚拟与现实，于2022年10月27日在线下会场和元宇宙空间同步开展。该论坛由中国国际公共关系协会公关公司工作委员会和中国商务广告协会内容营销专业委员会共同主办，迪思传媒承办。此次论坛中，业内专家大咖与一线操盘手聚焦"元宇宙时代内容营销探索"，畅快交流关于元宇宙营销传播的真知灼见。论坛上，中国内容营销传播高峰论坛执行主席、著名内容营销专家黄小川作了题为"让元宇宙时代的内容营销回归本质"的主旨演讲。他指出，元宇宙时代的内容营销要基于AI、AR、MR、VR等技术展开探索，但内容营销的本质并没有改变，即如何利用技术手段在元宇宙时代帮助品牌与用户有效沟通、建立深层链接。[5]

在广告领域，2022中国元宇宙广告与数字营销峰会于2022年12月22日在厦门举办。该峰会由中国广告协会指导，中国广告协会数字元宇宙工作委员会主办，北京元圈科技发展有限公司承办，并邀请了十余位专家学者、行业协会负责人与企业代表共同组建了专业评审委员会。峰会围绕元宇宙广告与数字营销、数字空间、虚拟数字人、数

字藏品、元宇宙品牌、元宇宙电商等主题展开汇报与讨论，展现了中国品牌迈向数字化经济发展的优势及核心力量。此次峰会充分肯定了各大企业在元宇宙营销传播上的有益尝试，并发布了2022年度元宇宙广告与数字营销相关榜单，包括"2022年度元宇宙数字空间创意开拓企业""2022年度数字人营销影响力企业""2022年度元宇宙数字广告与营销显著企业"等。

三 2022年中国元宇宙营销传播业界热点

元宇宙概念发展至今，已于社交娱乐、医疗健康、文旅演艺等多个领域得到广泛应用。在营销传播上，元宇宙凭借强大的技术基础，打造了丰富多元的内容生态和社交生态，为用户提供了虚拟与现实交融的统一开放空间，以高沉浸式内容提升用户体验，拉近品牌与消费者之间的距离。同时，用户作为品牌内容的一部分，也能够参与内容生产设计的过程，这促进了用户间的互动交流，用户黏性得以提升。2022年，虚拟数字人及NFT成为营销行业热点，品牌主纷纷加入元宇宙赛道，以集沉浸与交互于一体的虚拟场景，为品牌创造新的营销切入点。

（一）人：虚拟数字人，多领域应用变现

虚拟数字人是基于CG（Computer Graphics，计算机图形）技术与人工智能技术共同打造的数字化虚拟人物。根据虚拟数字人的产业应用类型，虚拟数字人可分为服务型虚拟数字人和身份型虚拟数字人。服务型虚拟数字人强调功能性，如虚拟教师、虚拟客服、虚拟导游、虚拟主播等，为人们提供多种服务以提升生活的便捷性；身份型虚拟数字人则体现出更强的身份性，如虚拟偶像、真人偶像的数字分身等，主要用于社交、娱乐等场景。

在具体应用中，服务型虚拟数字人就像一个真正的"员工"，参

与相对标准化的工作。例如，2022年2月宁波银行推出虚拟员工"小宁"，为顾客提供专业的业务咨询和问题回复，实现与顾客的智能交流互动；"央视频"在冬奥会期间推出了AI手语主播"聆语"，冬奥期间完成手语手势2000个，服务人次超216万，帮助听障人群更好地观看比赛；阿里巴巴推出虚拟主播"冬冬"，在淘宝直播间售卖冬奥会相关商品。相比于真人主播而言，虚拟员工的运营成本较低、IP形象稳定、可持续工作时间长，能够为品牌带来更多的价值，并且成本更少、风险更小。B站虚拟直播间数据显示，2022年8月，虚拟主播"阿萨Aza"在B站直播95小时创造营收近200万元，直播间付费人数3.4万、互动人数11.6万、粉丝量110万，拥有强大的粉丝基础和超高的粉丝黏性，促进了品牌变现。然而，在当前阶段，虚拟数字人的发展还不稳定，如虚拟主播的收入呈现两极分化的态势，有部分虚拟主播的月收入甚至不足100元。不仅如此，虚拟数字人在一定程度上只能从事相对标准化的工作，缺乏自主创意性，如湖南卫视打造的虚拟主持人"小漾"在亮相节目《你好星期六》4期后便告下线，其表现被观众质疑刻意模仿，甚至在节目中显得多余。

作为身份型虚拟数字人的典型代表，"虚拟偶像"在数字化营销中应用最为广泛，品牌利用"虚拟偶像"进行品牌代言、直播带货等以提升辨识度，吸引年轻用户的关注。具体来说，在品牌代言中，"虚拟偶像"又可分为两种类型，一种是品牌与现有虚拟IP进行合作，如上海禾念公司打造的虚拟歌手"洛天依"、字节跳动和乐华娱乐共同打造的"A-SOUL"虚拟偶像女团、创壹视频打造的虚拟美妆达人"柳夜熙"等；另一种是品牌创造符合品牌定位的专属数字人形象，如欧莱雅旗下品牌羽西所推出的虚拟代言人"羽茜茜"、国产彩妆品牌花西子同名虚拟代言人"花西子"。随着技术的变革和算法的精细化，"虚拟偶像"呈现出生产工业化、形象拟人化等发展特点，生产成本降低，功能趋于完善。

（二）货：NFT 数字藏品，成为品牌新宠

NFT（Non-Fungible Token，非同质化通证）是区块链网络中具有唯一性特点的数字权益凭证。主流 NFT 项目包括艺术收藏、视频游戏、工具等形式，其中艺术收藏是主要组成部分。在国外，NFT 被视作虚拟货币的一种；在国内，NFT 被视为数字藏品；在法律上，二者都归属于网络虚拟财产。国内 NFT 更被强调是一种数字虚拟产品，其艺术与收藏价值被放大，并与虚拟货币划清界限。

在品牌营销的具体实践上，各行业对于 NFT 都已有了积极探索。例如体育运动行业，冬奥会期间安踏联合天猫商城打造"安踏冰雪灵境"沉浸式互动数字空间，以 12 个冰雪项目运动姿态为原型首发"2022 年特别纪念版高能冰雪数字藏品"，共 6 000 份。用户在指定时间内了解冬奥相关知识并回答问题才有机会参与活动，该数字藏品上线 72 小时即发放完毕。2022 年 4 月，中国李宁与无聊猿游艇俱乐部合作发售"中国李宁无聊猿潮流运动俱乐部"系列产品，将区块链、NFT 等虚拟产品概念与实体产业、实体产品相结合。除此之外，中国李宁还以"无聊不无聊"为主题开展线下限时快闪活动，并邀请编号 #4102 的"无聊猿"担任快闪店限时主理人，深度迈进元宇宙空间，融合青年潮流文化和元宇宙新兴玩法助力品牌破圈。在食品行业，2022 年 6 月，农夫山泉结合高山、湖泊、东北虎、猫头鹰等自然元素，发行 1 000 款不同系列的数字藏品，得到了用户的支持与喜爱。2022 年 8 月，饿了么在上海推出首个外卖奶茶数字藏品，用户通过 App 打卡"下午茶品类菜品图鉴"以抢兑"数字奶茶"。

不仅如此，元宇宙还顺利挤入房地产赛道。作为基于区块链技术发行的数字资产，元宇宙虚拟房产本质上也属于一种 NFT，其产权归属、交易流转都将被记录。2021 年年底国内上市公司天下秀数字科技集团推出了元宇宙虚拟社区"虹宇宙"以及 13 种虚拟房产，用户可以在虹宇宙中建立专属的虚拟形象和虚拟住宅，并开展社交、生活等。

在元宇宙元年（2021年），大众对元宇宙情绪高涨，短时间内元宇宙房产爆火，但随着时间的流逝，虚拟房产概念开始冷却。品牌方和研究者对元宇宙的认知逐渐深入——元宇宙是一个已经存在的数字空间，不需要以土地形式建构，这种觉醒能够帮助元宇宙更好更稳地发展。

（三）场：场景交互，虚实融生空间再造

1. 国内的重点元宇宙平台

随着元宇宙概念的兴起和落地，我国头部互联网企业在2021年元宇宙爆发之际纷纷推出各自的元宇宙平台，不断完善技术研发和用户体验。这些元宇宙平台都为用户提供了虚实融生的沉浸式空间，但功能特点又略有不同，可以根据主要特点将其分为场景型、社交型、综合型三类。场景型元宇宙平台注重虚拟场景的搭建，满足用户不同的场景需求，如百度的"希壤"、网易的"瑶台"等；社交型元宇宙平台更加侧重用户的兴趣社交，如Soul构建的"年轻人的社交元宇宙"、腾讯与韩国Nexon合作推出的"Nexontown"等；综合型元宇宙平台则关注用户兴趣与商业活动的融合，构建沉浸式的品牌虚拟社交场景，如天下秀的"虹宇宙"、阿里巴巴旗下的"未来城"、京东旗下的"京造元宇宙"等。

（1）场景型元宇宙平台。百度的"希壤"在技术领域上更加成熟和专注，能够支持10万人实时在线，被业内称为"元宇宙社交万人场景实验室"。该元宇宙的外观呈现采用"莫比乌斯环"的造型设计，用户可以在个人手机、电脑、可穿戴设备上登录"希壤"星球，体验虚拟社交、虚拟购物等活动，是一个跨越虚拟现实的、支持多人互动的沉浸式社交空间。当前，"希壤"更多是与景点、文创IP等合作，为用户提供高沉浸式的场景体验，在希壤App中已开放"三体"馆、三星堆、少林寺、冯唐艺术中心等场景。同时，"希壤"也与商业品牌合作，助力品牌的元宇宙营销传播，如2022年3月，吉利汽车集团旗下高端品牌"领克"联合"希壤"共同推出了"领克乐园"汽车

数字展厅，为用户提供沉浸式看车、购车等创新体验。

网易旗下的"瑶台"主要广泛应用于大型会议或展览，如国际学术会议、产品发布会、艺术展览、拍卖会、公司年会等，为用户提供数十个活动场景和近百款虚拟服饰以满足不同场景的需要。"瑶台"支持网页、App、微信端登录，登录设备自由度更高，但登录前的用户资质审查更严格，仅支持对会议或展览有相关场景需求的企业用户登录。2022年，"瑶台"已在中国国际大数据产业博览会、网易云音乐IPO大会、第二届分布式人工智能国际会议、河南智慧文旅大会等百余场活动中得到应用。

(2) 社交型元宇宙平台。作为一款社交型App，Soul基于自研引擎NAWA Engine为用户提供个性化的虚拟场景和3D虚拟形象，进而形成沉浸式社交的虚拟空间。不同于其他元宇宙平台，Soul结合了年轻用户的需求和社交特点，鼓励用户创作图文、语音、视频等形式的多元优质内容，推行"用户共建"新模式。

2022年12月，腾讯旗下的"腾讯云"与韩国游戏公司Nexon合作，推出了名为"Nexontown"的元宇宙平台，主要提供"社交+游戏"的功能，为用户解锁虚拟世界的更多玩法。根据"腾讯云"的声明，Nexontown主要在韩国运营。在国内，腾讯注册了"王者元宇宙""天美元宇宙"两个商标，积极布局元宇宙赛道。

(3) 综合型元宇宙平台。天下秀推出的元宇宙虚拟社区"虹宇宙"集"个人兴趣社交"和"品牌营销传播"于一体，注重品牌商业活动。在虹宇宙，用户可以拥有专属的虚拟形象，拓展现实生活中的社交互动关系；品牌能通过延展空间，为用户搭建基于真实世界的品牌商店，开展品牌营销传播活动。2022年12月，小鹏汽车登陆虹宇宙"未来岛"，联合打造了"小鹏·敢闯公园"元宇宙品牌体验中心。

2022年"双十一"期间，阿里巴巴推出的元宇宙平台"未来城"在淘宝上线。"未来城"包含核心购物区、特色活动区及娱乐观赏区三个主要场景，以社交和电商直播引流为主要功能，结合星空、极夜等元素，打造出具有赛博朋克风的线上沉浸式购物空间。除了"未来城"，阿里巴巴还通过旗下"达摩院"的XR实验室，为不同细分市场打造专属的元宇宙平台，如"淘宝人生""曼塔沃斯"等。

"京造元宇宙"是由京东自有品牌"京东京造"推出的元宇宙虚拟空间，为用户提供不同的"家"场景体验。同时，京东将产品生产流水线搬到虚拟的开放世界中，让用户通过互动游戏来体验产品的打造过程，与用户建立互动和联系。

2. 元宇宙营销传播中的场景应用

虚拟场景是元宇宙同现实世界相连接的重要窗口。元宇宙的场景营销传播主要包括泛娱乐场景、零售场景、文旅场景等。

（1）泛娱乐场景。元宇宙为体育、游戏、影视等泛娱乐场景开拓了新的沉浸式体验和交互方式。在2022年卡塔尔世界杯比赛期间，咪咕视频联合中国移动推出了"5G+算力网络"分布式实时渲染的元宇宙比特空间"星际广场"，打造了首场支持"元宇宙"虚拟观赛互动的世界杯。用户可以获得专属比特数字人身份，和其他比特数字人一起观赛、观影、观演等；5G+超高清视音频技术实时捕捉高清赛况，结合XR技术实现了多赛场视角的沉浸式观赛。同时，咪咕视频还为聋哑特殊人群提供智能字幕和AI数字人手语解说，满足不同人群的观赛需求。在影视领域，2022年8月，上海文广演艺集团借助5G高清技术和多视角实时传输技术，通过元宇宙形式为观众提供沉浸式戏剧《不眠之夜》直播，两小时有近100万人次观看。基于此次直播探索的成功，具有IP内容优势的上海文广演艺集团联合腾讯成立了XR联合实验室，解锁影视产品在虚拟空间中的更多玩法。

（2）零售场景。元宇宙使线上和线下的用户消费体验升级。在元宇宙的线上购物场景中，用户可以通过AR在线试穿数字服装，也可以搭配个人的虚拟形象。2022年，淘宝"6·18购物节"面向部分群体小范围测试"元宇宙购物"，在用户不穿戴设备的基础上，初步搭建虚拟购物链路，实现沉浸式虚拟购物。同时，联合虚拟数字人

AYAYI 和"锘亚 Noah"共同演绎"莫比乌斯"元宇宙虚拟服装大秀。在线下购物场景，元宇宙通过交互式游戏化设置，为用户提供创新的数字购物体验。2022 年，上海罗森便利店与云拿科技合作，结合 AI 技术实现无人零售。用户通过刷脸或扫码进店，购买商品时自动结算，为用户带来更为简便的线下实体店购物体验。店内的虚拟导购能够完成欢迎用户到店、解说商品、推荐优惠等绝大部分功能，降低了人工成本，实现了数字化门店运营与管理。除了上海，云拿科技 AI 无人便利店在北京、南京、苏州、深圳、大连等城市已经落地。

（3）文旅场景。随着 VR、AR、5G、AI 等技术的发展与融合，元宇宙强调的"沉浸式体验"得以实现，正好契合了数字化时代下文旅产业对营销新模式的追求。元宇宙在文旅场景当中的应用，突破了传统文旅场景的时空局限，也将线上场景和线下场景叠加在一起。近年来，各地政府、景区、酒店以元宇宙技术体系为基础框架，为用户打造"旅行元宇宙"。2022 年 7 月，咪咕在厦门成立元宇宙总部，凭借其"5G+T.621+AR"技术优势，以"海上花园，元梦厦门"为主题给人们呈现了一场融合鼓浪屿文化遗产的元宇宙 AR 首秀。2022 年 10 月，张家界应用 5G 技术、"虚幻 5"游戏引擎、云端 GPU 实时渲染等多种融合技术，推出了全球首个景区元宇宙平台"张家界星球"，构建张家界景区虚拟空间，还原大自然美景。

四 2022 年中国元宇宙营销传播学术研究情况

（一）学术期刊：多元视角融合

元宇宙是人类对未来数字化生存的深远想象，也是业界和学界共同关注的重要话题。近两年来，元宇宙相关研究呈现出令人瞩目的增长趋势。在中国知网数据库中，2020 年全年含有"元宇宙"的文献数量仅为 168 篇，2021 年已达到 1611 篇；而到了 2022 年，这一数字更是猛增至1.28万篇,计算机技术、新闻与传播、信息经济三大学科的期刊论文数量占比之和超过35%,有30个学科的发文数量占比均超过1%。这些论文围绕"元宇宙""媒体融合""虚拟现实""人工智能""区块链"等展开了跨学科讨论,研究视角主要聚焦于数字技术应用、社会人文关怀、虚拟现实反思三个方面。

在数字技术应用方面,研究者比较关注依托于数字技术融合基础的元宇宙如何在品牌营销、社交零售、工业生产、文化教育、城市建设、医疗健康等方面进行实践应用,也关注元宇宙在不同领域内的宏大叙事,例如石培华等从文旅领域探索元宇宙实践的模式路径,推进文旅领域中的"人—场—物"重构;[6]郑世林等详细剖析了元宇宙在实践中面临的产业发展和监管模式变化。[7]在社会人文关怀方面,元宇宙为用户提供了一个高度去中心化、自由化的开放空间,推动实现个体生命价值的最大化。对此,吕鹏指出,元宇宙突破了现实社会中的约束性条件,为个体提供了更丰富的生命体验,是一种有效的"终极关怀"。[8]然而,该空间在一定程度上模糊了虚拟和现实的边界,也模糊了法制和自由的边界,严格统一的制度共识还未形成,用户言行失范,社会伦理、数据隐私遭受挑战。一些学者从技术—社会的媒介学路径出发,探讨作为技术中介的元宇宙对个体存在和社会形态的影响,并基于社会演进规律,探索数字智能时代下的社会治理机制。例如高奇琦等结合总体国家安全观,讨论了元宇宙中的不同要素及其特点对国家主权安全、意识形态安全、经济安全、人口安全等社会问题造成的风险,并提出防范和治理风险的5项原则。[9]在虚拟现实反思方面,我国学者从文化批判视角对元宇宙开启的虚拟与现实交融的生存模式进行了探讨。在元宇宙带来的高沉浸感体验之下,用户如何避免产生精神依赖,区分虚拟与现实,是亟待思考的问题。刘永谋、秦子忠、王海东等多位学者基于本体论和存在论,从哲学视角出发讨论了作为虚拟世界的元宇宙与真实世界的关系。[10-12]

但是,目前聚焦于元宇宙营销传播的学术论文,大多探讨元宇宙营销传播策略的制定、案例应用和伦理问题，且多从品牌方或者平台的角度去思考问题，在一定程度上忽略了消费者的地位和作用。随着元宇宙的广泛普及、深度应用和有序发展，未来关于元宇宙的学术研究可以从以下方面进行探索：消费者与品牌的关系；消费者行为和消费者心理是否与现实生活保持一致；元宇宙营销传播中的品牌方和平台是否产生变化、如何变化、为何变化；用户发展、增长、体验、关系等。

（二）学术著作：成果数量攀升

2022年，国内元宇宙营销传播研究领域的学术著作迎来出版高峰。2022年5月，西湖大学学者成生辉编著的《元宇宙：概念、技术及生态》一书出版，该书详细介绍了元宇宙的概念和相关数字技术，从信息安全和制度保障等方面剖析了元宇宙发展中可能存在的风险问题和应对方法。[13] 7月，由中国移动通信联合会元宇宙产业委员会组织撰写的《元宇宙十大技术》一书由中译出版社出版，该书将元宇宙技术体系归纳为"五大地基性技术"和"五大支柱性技术"，前者包括计算技术、存储技术、网络技术、系统安全技术和AI技术，后者包括交互与展示的技术、数字孪生与数字原生的技术、创建身份系统与经济系统的技术、内容创作的技术和治理的技术。[14] 除了技术视角，我国学者在2022年还从其他学科视角探索了元宇宙发展的可能性，例如，中国科学院软件研究所博士冀俊峰从历史、哲学、经济、技术等视角，展示了元宇宙在多个行业领域内的应用。[15] 朱嘉明聚焦于数字经济和元宇宙的关系，从经济学视角解析了元宇宙的经济逻辑和产业发展前景。[16] 在虚拟共生的元宇宙时代，元宇宙的技术应用是广受关注的问题，但是，结合多元视角思考用户、法律、伦理等重要因素，以及元宇宙营销传播中的"变"与"不变"，多方合一，才能推动元宇宙向更高标准更高质量发展。

（三）高校学科建设：需要理性追随

随着元宇宙的应用普及和教学、科研、就业、社会服务等方面的需求，高校结合市场状况和自身情况对学科建设体系作出了相应的调整。2022年4月，清华大学成立元宇宙文化实验室，中国人民大学随之成立元宇宙研究中心。2022年9月24日，南京信息工程大学人工智能学院将信息工程系更名为元宇宙工程系，设立了国内高校首个元宇宙院系。2022年10月，南开大学基于新闻与传播学院，于其院系所在的秀山堂推出首个元宇宙新闻与传播学院，制作虚拟教授，搭建虚拟课堂，开展元宇宙沉浸式教学。

然而，无论是元宇宙深度应用还是人才教育培养，都是一个漫长的过程，二者的融合并非简单相加，高校需要结合自身条件理性思考元宇宙教育问题。目前来看，高校展开元宇宙相关研究具有良好前景，但要完全实现"课堂元宇宙"和"校园元宇宙"，搭建虚拟共生的元宇宙空间，仍需一定的积累。

【参考文献】

［1］王政．人工智能产业迎来发展新机遇（产经观察·构建新引擎 制胜新赛道④）［EB/OL］．（2023-03-15）［2023-07-07］．http://finance.people.com.cn/n1/2023/0315/c1004-32644409.html.

［2］虚拟现实产业发展白皮书（2022）［R］．中国电子信息产业发展研究院，2022.

［3］区块链白皮书（2022）［R］．中国信息通信研究院，2022.

［4］中关村数字媒体产业联盟．首届元宇宙数字经济大会成功举办 元宇宙数字经济百人论坛（智库）正式成立［EB/OL］．（2022-12-29）［2023-07-07］．http://big5.china.com.cn/txt/2022-12/29/content_85032195.htm.

［5］中央广电总台国际在线．第七届中国内容营销高峰论坛召开，探索元宇宙

时代内容营销［EB/OL］.（2022-10-28）［2023-07-07］.https://news.cri.cn/20221028/b512368c-8a4d-fdf5-a64c-27e022017872.html.

［6］石培华,王屹君,李中. 元宇宙在文旅领域的应用前景、主要场景、风险挑战、模式路径与对策措施研究［J］.广西师范大学学报（哲学社会科学版），202258（4）：98-116.

［7］郑世林,陈志辉,王祥树. 从互联网到元宇宙：产业发展机遇、挑战与政策建议［J］.产业经济评论，2022（6）：105-118.

［8］吕鹏."元宇宙"技术：促进人的自由全面发展［J］.产业经济评论，2022（1）：20-27.

［9］高奇琦,隋晓周. 元宇宙的政治社会风险及其防治［J］.新疆师范大学学报（哲学社会科学版），2022，43（4）：2，104-115.

［10］刘永谋. 元宇宙的现代性忧思［J］.阅江学刊，2022，14（1）：53-58，172-173.

［11］秦子忠. 生存还是毁灭：元宇宙效应的哲学考察［J］.阅江学刊，2022，14（3）：68-81，174.

［12］王海东. 元宇宙论：新牢笼抑或新世界？［J］.国外社会科学前沿，2022（3）：12-23.

［13］成生辉. 元宇宙：概念、技术及生态［M］.北京：机械工业出版社，2022.

［14］叶毓睿,李安民,李晖,等. 元宇宙十大技术［M］.北京：中译出版社，2022.

［15］冀俊峰. 元宇宙浪潮：新一代互联网变革的风口［M］.北京：清华大学出版社，2022.

［16］朱嘉明. 元宇宙与数字经济［M］.北京：中译出版社，2022.

中国虚拟数字人年度发展报告（2022）

陈韵博* 刘喜雯** 王 鑫***

摘 要：本文在介绍虚拟数字人的定义、分类及发展历程的基础上，总结了2022年中国虚拟数字人行业的发展状况，包括政策保驾护航，支撑行业增长；产业链快速完善，形成全域营销新模态；"虚拟人+"拓宽赛道，跨界联动成为新风向；AIGC探索服务边界，行业迎来新赛点；巨头下沉运营，行业马太效应显现。此外，本文还回顾了2022年虚拟数字人的学术研究及教育相关动态，并对其发展趋势进行了展望。

关键词：虚拟数字人；产业生态；人工智能生成内容

Abstract：Based on the introduction of the definition, classification and development of virtual digital human, this report summarizes the development status of virtual digital human industry in China in 2022, which includes that the industry is growing with policy support; the industry chain is rapidly improving, and new mode of uni marketing is in the ascendant;

---

* 陈韵博，暨南大学新闻与传播学院广告教研室主任，副教授，硕士研究生导师。
** 刘喜雯，暨南大学新闻与传播学院2021级硕士研究生。
*** 王鑫，暨南大学新闻与传播学院2022级硕士研究生。
本文系2023年广东省研究生教育创新计划项目"暨南大学—舜飞科技联合培养研究生示范基地"阶段性成果。

"virtual human +" widens the track and cross-border cooperation has become the new trend; AIGC helps to explore service boundaries and create new competitive growth points for the industry; there is a Matthew effect in the industry due to those industry giant enterprises sinking down to operate. In addition, this paper also reviews the relevant developments of virtual digital human in academic research and education in 2022, and looks forward to its future.

Keywords: virtual digital human; industrial ecology; AI generated content

1985年，当哲学家唐娜·哈拉维（Donna Haraway）在《赛博格宣言：二十世纪后期的科学、技术和社会主义女权主义》一文当中，将赛博格（Cyborg）定义为无机物机器与生物体的结合体时，[1] 虚拟数字人的思想便在其中孕育。目前，各种虚拟数字人频繁出现在娱乐、社交、营销等诸多领域，发挥着巨大价值。从实践层面来看，虚拟数字人是指存在于虚拟世界中，由计算机图形学、图形渲染、动作捕捉、深度学习、语音合成等综合技术手段打造的一种智能化产品，它具有多重人类特征，并且会模拟人的行为。在机器与人类结合、物质与非物质交融之下，虚拟数字人已成为新的人机交互形式，或将成为人类的重要存在方式。

一 虚拟数字人的发展历程及其功能

（一）虚拟数字人的发展历程

虚拟数字人的萌芽可追溯至40年之前。20世纪80年代，日本"宅文化"兴起，各种游戏、动漫行业发展迅速。受限于技术，萌芽期的虚拟数字人更多是以平面与动画的形式来展现的，表达的内容有限,且灵活性不足。林明美(动画片《超时空要塞》女主角)是虚拟偶像的重要代表,动画公司以她的虚拟形象发行了唱片专辑《超时空要塞 Macross》(1983),该专辑打入了当时的音乐排行榜 Orion 的前列。随着技术的不断发展与进步,各种动作捕捉技术以及 3D 建模技术日趋成熟。步入 21 世纪后,虚拟数字人开始以人为蓝本进行打造,在制作层面上愈发精良,产业更加兴盛。2001 年的电影《指环王》首次引入了真人 CG 技术塑造角色;2007 年日本虚拟偶像"初音未来"诞生,正式拉开了虚拟偶像的繁荣大幕。此后随着 AI 的崛起,各种虚拟数字人在形象设计和智能化方面越来越饱满丰富。国内二次元文化的兴起也让一些互联网企业紧跟潮流,开始利用虚拟数字人形象来进行商业化价值创造。小米手机曾推出"初音未来"联名款手机,并且也在 2017 年推出了自家的语音助手虚拟形象——"小爱同学"。

近两年元宇宙概念的爆火,也为虚拟数字人的发展带来了新机遇。一方面,新兴巨头纷纷下场布局虚拟空间,虚拟数字人成为其中不可缺少的一部分。2021 年年初,Epic Games 发布了虚幻引擎的 MetaHuman Creator 插件,该插件可在数小时内创造高拟真的数字人,AYAYI 成为中国首个 Metahuman。另一方面,各大行业也开始向元宇宙发力,"虚拟人+"成为新潮流,产业发展逐渐呈现百花齐放的态势。

(二)虚拟数字人的功能分类

基于行业发展方向以及具体应用场景的差异,目前的虚拟数字人主要分为服务型虚拟数字人和身份型虚拟数字人。

1. 服务型虚拟数字人

服务型虚拟数字人主要扮演着替代真人的服务性角色,并且越来越向拟人化方向发展。虚拟主播、虚拟客服和虚拟 AI 助手都可归为服务型虚拟数字人,基于人工智能的 AI 服务助手能够结合场景、定位和情境,提供咨询、关怀、陪伴和事件处理等服务,借助大数据和算法技术,这种高度个人匹配的服务往往更能实现千人千面的效果。[2] 2022 年亮相百度世界大会的"度晓晓"就实现了智能化的进一步升级,在听到主持人的一句抱怨:"好困啊!要是有杯咖啡就好了!"之后,"度晓晓"不到一秒就分析出了他的言外之意,还根据他的口味与兴趣精准推送了咖啡的外卖信息。得益于全天候在线、多线程并发的处理能力,服务型虚拟数字人可 24 小时不间断地承担服务与陪伴的功能,更大程度地节省人力成本。

2. 身份型虚拟数字人

以虚拟偶像为代表的身份型虚拟数字人发展已久,它承担着大众对于偶像的情感寄托,是当今常见的大型品牌商的营销推广渠道之一。随着元宇宙的兴起,用户也可以借助技术来建构自己的数字化身,这一形式在近年来得到高速发展。从 2017 年苹果手机首先搭载 Animoji 功能开始,越来越多的厂商进行了定制化赛博形象的研发,现在很多平台都可以自主塑造虚拟数字人分身。

二 2022 年中国虚拟数字人行业发展状况

(一)政策保驾护航,支撑行业增长

2022 年,国家进一步支持虚拟数字人的产业生态建设,各级政府机构密集出台有关元宇宙以及网络空间的管理办法和政策文件,推动数字经济与虚拟数字人的进一步发展。2022 年 1 月,《国务院关于印发"十四五"数字经济发展规划的通知》明确提出数字经济发展的重要性,要求以数据资源为关键要素,以现代信息网络为主要载体,以信息通信技术融合应用、全要素数字化转型为重要推动力,促进公平与效率更加统一的新经济形态,继续深化人工智能、虚拟现实、8K 高清视频、区块链、大数据等技术的综合应用与创新研发,进一步推进全产业的数字化发展。[3] 3 月,《2022 年政府工作报告》再次强调了

数字经济的重要性与大力发展数字经济的决心。2022年年底，工信部等五部委联合发布的《虚拟现实与行业应用融合发展行动计划（2022—2026年）》提出，到2026年，三维化、虚实融合沉浸影音关键技术重点突破，新一代适人化虚拟现实终端产品不断丰富，产业生态进一步完善，虚拟现实在经济社会重要行业领域实现规模化应用，形成若干具有较强国际竞争力的骨干企业和产业集群，打造技术、产品、服务和应用共同繁荣的产业发展格局。我国虚拟现实产业（含相关硬件、软件、应用等）总体规模超过3500亿元，虚拟现实终端销量超过2500万台。[4]

在中央全力推进数字化进程的基础上，地方也开始着力推动虚拟数字人产业的发展。2022年上半年，浙江省、北京市、上海市先后发布了有关元宇宙建设的指导意见，提出要加快推进元宇宙的创新发展，将元宇宙产业列入重点发展领域，并积极推进知识产权保护、人才培养等方向，为虚拟数字人的建设提供了保障；8月，北京市经济和信息化局为抓住数字人经济发展机遇，发布了《北京市促进数字人产业创新发展行动计划（2022—2025年）》，这是国内首个数字人产业专项支持政策。该政策的发展目标是，到2025年，北京市数字人产业规模突破500亿元；培育1~2家营收超50亿元的头部数字人企业、10家营收超10亿元的重点数字人企业；突破一批关键领域核心技术，建成10家校企共建实验室和企业技术创新中心；在云端渲染、交互驱动、智能计算、数据开放、数字资产流通等领域打造5家以上的共性技术平台；在文旅、金融、政务等领域培育20个数字人应用标杆项目；建成2家以上特色数字人园区和基地；初步形成具有Web 3.0特征的技术体系、商业模式和治理机制，成为全国数字人产业创新高地。[5]

（二）产业链快速完善，形成全域营销新模态

在近年来国家政策的大力扶持下，虚拟数字人产业快速发展。中国传媒大学主流融媒体研究中心联合 STEPVR 旗下迈塔星（iMetaStar）对外发布的《2022 虚拟数字人（元宇宙原住民）商业化发展报告》指出，虚拟数字人产业链近年来逐步走向成熟，形成了上游制作、渲染，中游虚拟数字人驱动及运营，下游场景应用的产业链生态谱系。[6] 不仅如此，从场景落地的模式来看，ToC 业务正发展火热，针对泛娱乐中的游戏与传媒领域，打造虚拟偶像与虚拟 IP 的产业变现形式已经规模化成形，技术的不断下放也带来了用户参与程度更高的虚拟数字人制作，催生了更开放的创作者生态、更丰富的 UGC 内容；ToB 业务在影视、金融、文旅等方面大放异彩，伴随着 AI 的不断发展，虚拟数字人的智能化和拟人化进一步得到提升，推动了服务和效率升级。整体来看，虚拟数字人已进入大规模应用期，伴随着数字技术的不断发展，以及越来越多的产业需求与应用场景被挖掘，其发展版图也会越来越大。

Web 2.0 下流量红利逐渐见顶，Web 3.0 的到来重塑了 B2C 的商业逻辑，传统的"人—货—场"关系被再次重构。"虚拟代言人+虚拟直播+AI 虚拟人助手"的形式实现了企业以虚拟数字人为核心的全时全域营销[7]，全时全域互动营销成为虚拟数字人发展的新玩法。2022 年，众多品牌跨界合作寻求在元宇宙的一席之地，通过虚拟数字人建构新的 IP 与品牌形象成为各大产业行业的优先选择。借助于元宇宙的全场景沉浸体验、虚拟数字人的高仿真全时陪伴，以及多重数字技术的跨媒介传播，虚拟数字人营销的可知可感可触达得以真正实现。安踏在 2022 年以"重新想象运动"为主题，联合百度的 AI 虚拟数字人"希加加"，带领一众 Style3D 虚拟模特，亮相 SS23 中国国际时装周。以百度深耕的 AI 虚拟数字人技术为基础，结合 3D 超现实虚拟运动时装，安踏借助虚拟数字人和虚拟场景为消费者带来了一次全新的时装秀。在营销场景的不断丰富下，虚拟数字人的新潮和沉浸式互动不仅激发了消费者的兴趣，还为品牌塑造出更加富有科技感与未来化的形象，增强了品牌与消费者之间的黏性，使整个营销活动的周期全时全域化，营销的深度与广度都得到了进一步拓展。

（三）"虚拟人+"拓宽赛道，跨界联动成为新风向

国内各行业巨头已纷纷采用虚拟数字人的营销方式，虚拟数字人的发展赛道正不断拓宽。

从发展过程来看，我国在 2001 年数字影片《青娜》中便使用了本土化的虚拟偶像，但直到 2012 年雅马哈公司推出全球首个以中国元素为基础制作的虚拟形象"洛天依"之后，我国的虚拟偶像产业才正式勃发。得益于近年来数字技术的飞速发展以及亚文化和偶像文化的不断繁荣，虚拟偶像在形象刻画和人格化构建方面愈发成熟，元宇宙技术的创新推进也为虚拟偶像产业进一步的发展带来了契机。艾媒咨询数据显示，2022 年中国虚拟偶像核心市场规模为 120.8 亿元，预计 2025 年将达到 480.6 亿元；2022 年虚拟偶像带动周边市场规模为 1866.1 亿元，预计 2025 年达到 6402.7 亿元。[8] 从产业布局来看，虚拟偶像产业积极拓宽其价值链条，与其他众多产业结合，驶入了跨界联合的发展轨道。在文娱方面，元圆科技打造的"天妤"因其具有敦煌艺术内涵和神话故事内核广受大众喜爱，2022 年成功签约壹心娱乐，成为首位签约经纪公司的国风虚拟数字人；在游戏竞技行业，脱胎于《绝地求生》的游戏角色"吉莉"被赋予勇敢自信、不畏失败与挑战的人格化形象，并成为官方的虚拟代言人，不仅充分体现了该游戏的特色，还推动了营销升级。在直播、广告以及其他众多数字行业领域，虚拟数字人的应用与发展正逐渐加速。

传统行业也借此东风，进行更为年轻和数字化的行业生态革新。在金融领域，以全时、全自动为特点的虚拟数字人拥有人格化形象和智能化处理能力，为金融行业带来了服务上的全新突破。2022 年 10 月 18 日，中金财富和魔珐科技合作，推出了代表中金财富的虚拟数字人形象——Jinn。一方面，它可以提供智能客服、理财顾问等服务，其背后的大数据与智能技术支持让服务变得更加高效与精准，为用户

提供了更好的服务体验；另一方面，这种以人格化为蓝本构建的虚拟形象能够让用户感受到现实陪伴，享受更温暖、更智能的交互体验。

（四）AIGC 探索服务边界，行业迎来新赛点

2022 年年底，ChatGPT 的推出引发了新一轮的人工智能行业变革，对人工智能生成内容（AIGC）的理论探讨与实践跟进均出现大幅增长。AIGC 的发展并非突如其来，在大数据技术不断应用的过程中，MGC（机器生成内容）的生产形式就已初见 AI 的影子，但彼时的内容生产更多地体现在机器化、批量化等方向上，并未像 ChatGPT 一般具有内容的高度创造性。2022 年国内厂商也在 AI 上发力，推动了信息技术的智能化转型。2022 年百度世界大会上，百度用 AI 技术复原了中国名画《富春山居图》残卷，不同于以往的 AI 修复技术，此次的技术以文心大模型的 AIGC 为基础，用户可以根据自己的想法对《富春山居图》进行虚拟补全，创作出独具特色的修复画作，使机器生成不再机械化与重复化。

MGC 向 AIGC 的转型将在很大程度上影响虚拟数字人的发展趋势。回顾 2022 年，AIGC 应用直击近年来虚拟数字人智能化不足的痛点，Stable Diffusion、DALL-E2、Midjourney 等图片生成类 AIGC 工具风靡一时，200 万名可以自主带货的数字员工开始"上岗"，虚拟数字人逐渐从"拟人化"转向"同人化"。从服务行业来看，"AIGC+虚拟人"的组合能够根据用户所在情境提供更为匹配的服务，对话功能也摆脱了过去僵硬的、停留在表面的回答，转为根据话语情境去揣摩语言中的情绪，并给予更加情感化的反馈。这不仅推动了服务行业的升级革新，也使虚拟数字人服务更加人性化。对身份型虚拟数字人而言，AIGC 的发展能够进一步推进它的自主内容生产能力。例如，2019 年成立的讯飞音乐借助科大讯飞的 AI 技术，在 2022 年 8 月 26 日推出了首位 AI 虚拟歌手 Luya，上线半年内即已发布原创歌曲 20 余首，登上微博、抖音、快手、B 站等多平台热搜。

(五) 巨头下沉运营,行业马太效应显现

国内各大科技巨头以及独角兽公司纷纷进入虚拟数字人赛道,加大技术投入和创新研发力度,希望抓住新的科技风口带动企业竞争力升级。艾媒咨询数据显示,2021年中国虚拟数字人存续企业数量为167670家,其带动产业市场规模和核心市场规模分别为1074.9亿元和62.2亿元[9],这一数据在2022年也有显著提升。"天眼查"数据显示,截至2022年年底我国状态为在业、存续、迁入、迁出的虚拟数字人相关企业数量超过50万家,近半数企业于2022年成立。[10]

尽管近两年来新增企业为数众多,产业规模不断扩大,但能够赢利的企业仍然相对较少。相关企业大量井喷的背后,是行业巨头阵地不断坚固,马太效应日渐凸显的现状。有互联网媒体报道称,在B站的3606名虚拟主播中绝大多数存在低收入现象。B站虚拟主播的月营收排行榜中,排名在前120位的虚拟主播营收占据了整个行业总营收的一半以上,而其余主播的平均月营收仅为月营收前120位的虚拟主播的1%~5%。[11] 从基础层来看,超级硬件巨头往往会制造技术壁垒,先进技术与大市场体量使得虚拟数字人的制作更加精细,无论在AI化还是在拟人化方面,这些虚拟数字人都更能吸引利益相关方。而在平台层,国内互联网大厂不仅推进虚拟数字人的全行业全领域普及,还根据自家业务建立起完整的虚拟数字人产业体系,一方面提供一站式的虚拟数字人产品服务;另一方面还根据不同垂类业务场景定制解决方案。以技术和资本为支撑的头部企业既能实现虚拟数字人产业的链路式生产,也能兼顾上下游的发展,在技术创新、营销创新和产业链掌控上都具有极大话语权,国内虚拟数字人产业逐渐显现出寡头格局。

三 2022年中国虚拟数字人学术研究特点及教育状况

（一）2022年中国虚拟数字人学术研究特点

2022年，随着年初元宇宙概念的兴起，虚拟数字人成为全国学界研究的热点之一，相关研究成果数量爆发式增长。学界从营销、法律、教育等多角度入手对虚拟数字人进行研究，产生了一批具有指导意义的学术成果。

1. 研究成果数量爆发式增长

2022年，国内有30余本元宇宙主题的学术著作出版，其中大部分涉及虚拟数字人这一主题。由百信银行首席战略官陈龙强和中国传媒大学大数据与社会计算中心高级研究员张丽锦共同撰写的《虚拟数字人3.0：人"人"共生的元宇宙大时代》，是国内首本虚拟数字人专著，以科普和产业的双重视角，论述了虚拟数字人的定义、产业链及应用实践，为宏观上理解元宇宙、数字经济及数字生活提供了新思路，对元宇宙产业的参与者有很强的借鉴价值。[12] 马健健、张翔合著的《虚拟偶像AI实现》一书，则从虚拟偶像发展历程和制作流程入手，结合实际案例讲解了虚拟偶像制作的完整过程。[13]

在虚拟数字人相关期刊论文的发表方面，以"虚拟人"为主题关键词在中国知网进行检索，结果显示，2022年共有281篇相关论文被收录，相比于2021年的87篇增加了194篇。以"数字人"为主题关键词在中国知网进行检索，可以看到2021年有相关文献103篇，2022年则有358篇相关文献被刊载，期刊论文发表数量大幅增加。这些论文不仅能够为社会公众建立起虚拟数字人以及元宇宙的系统知识框架，还能为广告公司和媒体单位开展相关业务提供理论指导。

除此之外，2022年，一批有关虚拟数字人、虚拟现实的科研项目，在全国各级各类科研项目的立项名单中榜上有名。其中值得注意的是，2022年9月30日公布的2022年国家社会科学基金年度项目立项名单中，暨南大学新闻与传播学院广告学系阳翼教授负责的"人工智能营销的伦理问题及其规制研究"名列其中；上海大学法学院袁曾副教授负责的"人工智能的法律人格与未来发展研究"也出现在2022年度国家社会科学基金后期资助项目立项名单中。实际上，在2021年至少有200项与此相关的国家社会科学基金项目和国家自然科学基金项目获得立项。这些相关科研项目的立项，从一定程度上反映了虚拟数字人研究在我国国家级科研领域的学术分量及其发展进步。

2. 多元研究视野，实现崭新突破

2022年我国学者所作的虚拟数字人研究充分显示出了该研究领域的跨学科特色。从宏观层面看，有学者以整个虚拟数字人行业的发展现状为切入口，构想了虚拟数字人的未来可能。例如，中央民族大学新闻与传播学院郭全中教授在其论文《虚拟数字人发展的现状、关键与未来》中指出，虚拟数字人及其产业正进入加速期，应用场景不断拓展、市场规模快速扩大、大量企业涌入。虚拟数字人及其发展主要受技术、用户、参与企业、政策与资本等关键因素影响，而虚拟数字人真正的未来则取决于元宇宙的发展。[14]

在中观层面，从营销学、广告学角度来看，学者们基于虚拟数字人的应用，分析了虚拟数字人对营销策略、消费者体验的影响，有论文详细解读了虚拟数字人营销的价值、困境与机制。例如，武汉大学廖秉宜教授等在《虚拟数字人与元宇宙营销新景观》中指出，虚拟数字人将成为内容营销升级的新载体，同时也会成为品牌年轻化营销的重要突破口，帮助品牌在不同的场景中与用户实现良好的交互体验。[15] 除此之外，也有学者对特定类型的虚拟数字人应用所带来的影响进行研究，例如基于虚拟偶像而产生的粉丝行为。从法学、伦理学角度，有学者关注到因政策规定、法律规范、技术标准未及时跟进，虚拟数字人在内容安全、法律责任、行业标准、伦理道德等方面面临着风险。从教学角度，越来越多的学者开始关注虚拟数字人辅助下的课堂教学探索实践。人工智能、大数据、云计算等技术构建的虚拟数字人可以利用其多元角色，融入教育教学改革、学生管理之中，贯通育人全过程，从而提高人才培养成效。在虚拟数字人的协助下，教育元宇宙也可以为在线教育提供沉浸式教与学的空间，打造教学模式的新范式。

（二）2022年中国虚拟数字人教育状况

教育部发布的《教师教育振兴行动计划（2018—2022年）》指出，要充分利用云计算、大数据、虚拟现实、人工智能等新技术，推进教师教育信息化教学服务平台建设和应用，推动以自主、合作、探究为主要特征的教学方式变革。[16] 虚拟数字人作为虚拟世界和现实世界融合的载体，在教育培训领域，一方面为学生创设沉浸式体验的环境；另一方面作为高校产学研融合的新方向，不断推动高校教学模式革新，同时助力虚拟数字人技术的发展。2022年，国内已经有超过17所高校开始拥抱元宇宙，开设与虚拟数字人相关的院系及专业课程。

1. 课程建设重点：前沿技术和创新思维并行

2022年，国内高校以前沿技术和创新思维为课程建设重点，不断深化重点领域学科专业与虚拟数字人相关学科专业的交叉融合，不断丰富完善虚拟数字人的知识图谱和知识体系。2022年10月17日，南开大学推出国内首家"元宇宙新闻与传播学院"，以南开大学新闻与传播学院所在的秀山堂为原型现实物理空间复制的虚拟数字空间正式上线，计划联合南开大学相关院系以及元宇宙领域先进的技术公司，共建元宇宙联合实验室，通过制作虚拟教授，在虚拟现实空间建设虚拟课堂，在元宇宙空间开设网络前沿大师课等，逐步充实和加强"元宇宙新闻与传播学院"特色。[17] 无独有偶，2022年9月23日，南京信息工程大学人工智能学院将下属的信息工程系更名为元宇宙工程系，在专业培养方案中增加了与元宇宙相关的选修课。

一些高校从课程着手，开设了虚拟数字人创作的相关课程或工作坊。例如，南京大学围绕制作技术和艺术创作开设了"数字人虚拟创作"工作坊，通过具体的应用场景，让学生了解虚拟数字人与虚拟制片的行业现状，以及虚拟数字人的制作流程；[18] 上海外国语大学开设了数字虚拟形象制作系列工作坊；上海美术学院推出了"数码公园"系列工作坊，探讨虚拟数字人技术在商业及当代艺术中的应用与创作。总体来看，2022年我国高校在虚拟数字人课程建设中既重视为学生普及前沿技术，也注重培养学生的创新思维，通过优化虚拟数字人相关学科专业布局，夯实基础支撑学科，进一步发展提升交叉学科，为虚拟数字人产业发展提供了教育支持。

2. 培养机制创新：校企合作培养复合型人才

一个新产业的兴起，往往意味着大量的专业人才缺口的出现。虚拟数字人制作涉及建模、动作捕捉、场景制作等一系列技术，同时还涉及价值、伦理、法律、教育等人文社会科学，亟须高校培养出更多跨学科、跨行业的复合型人才。2022年，我国高校不断推动跨学校、跨学科、跨领域、跨国界的协同创新，进一步创新人才培养机制，协同国内外知名科研院所、企业，进一步优化研究资源配置，培养复合型人才。国内有多个地市颁布了元宇宙相关的支持性政策或征求意见稿，北京、厦门、南京等多地在相关政策中点明要加强校企合作，联合培养虚拟数字人行业所需要的复合型创新人才。

目前，已开设与虚拟数字人相关的专业及课程的高校，均联合业界为学生创作者提供虚拟数字人技术、数字资产和孵化平台的支持。校企之间的不断合作，标志着元宇宙核心产业和技术正在进入高等教育体系。通过课程共建，校企将行业前沿技术融入课堂，在科技研发、成果推广、人才培养、创新能力建设等领域开展更加广泛的交流与合作，从而打通专业教育与职业需求的"最后一公里"。

四　2022年中国虚拟数字人行业发展评价与展望

回望2022年，在政策支持、技术升级、成本回落的背景下，虚拟数字人的应用场景不断扩大，产业规模迅速扩张，成为业界和学界共同瞩目的焦点。在国家有关部门、行业组织、高等院校、企事业单位的共同发力下，虚拟数字人行业快速发展，学术研究成果显著。面对营销行业乃至整个互联网的"洗牌"，只有提前布局虚拟数字人，才能在下一个时代获得制高点。

1. 元宇宙背景下Web 3.0将成为营销新媒介

元宇宙是Web 2.0向Web 3.0的跃迁，也是移动互联网时代的又一次"破坏式创新"。在元宇宙背景下，新一轮的营销革命是大势所趋，Web 3.0即将成为下一代营销的新媒介。未来的Web 3.0营销将以XR交互设备为载体，形成去中心化的多元营销形式，呈现出沉浸式、共享、共建、动态、可交互体验等特点，实现所见所触即可得，营销也不再受平台限制。

作为元宇宙的核心交互载体，虚拟数字人将成为品牌主寻求营销增长的重要突破点。在过去，线上营销的内容同质化程度很高，交互程度有限，难以洞察消费者的情绪情感，难以激发消费者的兴趣，并且营销费用高昂。而在Web 3.0时代，品牌主将通过虚拟数字人营销获得新故事、新流量，拥有新内容、新玩法，赢得元宇宙的入场券，消费者则可以获得全新的沉浸式交互消费体验，情感得到更大寄托。

2. AI和CG是构成下一代互联网的核心

作为元宇宙的核心要素，虚拟数字人的技术与艺术相辅相成、缺一不可，品牌主需要创造"始于颜值，终于才华"的形神合一的智能数字资产。从长远来看，AI和CG是构成下一代互联网的核心，其中AI是智能服务维度，CG是视觉维度。[19]

在技术层面，AI是才华，能够让虚拟数字人进化到"数智人"，去呈现和提供企业的产品及服务。2022年被称为是AIGC元年，以ChatGPT为代表的生成式AI将赋能虚拟数字人"智能进化"。同时，与垂类场景结合的AIGC技术也将拓展虚拟数字人的应用领域，降低制作和传播成本并提升变现能力。依托于"人+AI"的合力，虚拟数字人在未来可以传递并沉淀营销全链路中的消费者真实声音，使产品服务真正做到以消费者为核心，也为消费者和品牌主协同共创品牌和产品提供了新的落地可能。

在艺术层面，CG是颜值，是内容的视觉表现力，也是虚拟数字人产品的核心竞争力，高精度、超仿真、高质量是发展方向。美术模块是用户接触虚拟数字人时最直接的触点，决定了虚拟数字人的气质调性以及内容类型。从长远来看，虚拟数字人的技术门槛会越来越低，美学和内容反而会成为差异化的关键。AI和CG的高效结合，可以降低虚拟数字人的成本，让"人人都有分身"成为现实，也能帮助品牌主构建和沉淀智能数字资产，开启通往元宇宙的长期复利价值路径。

3. 同质化竞争中，虚拟数字人运营将成为突破点

当前，由于成本控制、商业化运用场景等，虚拟数字人的形象相似、服饰撞衫、技能雷同等现象频繁出现，虚拟数字人产品同质化程度较高。随着虚拟数字人生成及直播技术的成熟和成本降低，虚拟数字人的应用将越来越普及，但虚拟数字人的"同质化"或将更加严峻。竞争越激烈，就越考验内容策划和运营能力。

运营是连接虚拟数字人技术、产品与消费者的重要环节，但目前面临技术门槛较高、制作成本较高、运营工具尚未普及、专业运营机构和运营人才不足等困境。业界、学界、培训机构等应不断在技术方面发力，降低虚拟数字人的使用成本，并重视运营人才的培养。2022年，"虚拟人+品牌"的营销模式更加深入，成为品牌与消费者的创新对话方式。因此，赋能广告公司、营销公司，增强虚拟IP的生命力，是虚拟数字人应用的重要命题。未来，品牌的虚拟数字人会从简单的"可视化"传递上升到"人格化"运营，这就需要技术公司与营销公司深度沟通,在App、小程序等端口搭建消费者与虚拟数字人互动的轻量级的"场",让消费者愿意反复互动,从而保持虚拟数字人的低成本、常态化运营,真正打通元宇宙虚拟数字人的营销逻辑。

4. 产业融合背景下,行业监管及治理法规亟待深化

随着虚拟数字人产业的快速增长,虚拟数字人产业与其他产业的交叉融合不断加深,行业制作及应用标准、可信数字身份治理体系、数据安全体系等建设迫在眉睫,行业监管及治理法规亟待深化。目前,在虚拟数字人的具体应用中,仍然存在着名人虚拟分身的人格权,虚拟代言人承担的广告责任,智能驱动型虚拟数字人生产内容的著作权,真人驱动型虚拟偶像场景下人的劳动合同、表演权及个人信息保密等问题[19],对于虚拟数字人直播、演出等场景也需要作出进一步监管。

目前,法律对于虚拟数字人没有针对性规定,对于虚拟数字人相关权利的法律保护仍相对薄弱,虚拟数字人的创作者和经营者仅能利用合同约定以维护自身权益。因此,在立法、司法以及行政执法实践层面,都需要尽快明确虚拟数字人典型应用场景的法律问题。在元宇宙大背景下,随着技术升级和商业模式迭代,虚拟数字人产业及产品应用必将更为丰富,法律问题也会更为复杂,对现实问题进行积极回应、对行业发展予以规范的立法需求显得必要而迫切。同时,虚拟数字人行业也要加强自律,与外部规范相向而行,共同推进虚拟数字人产业的持续健康发展。

【参考文献】

[1]〔美〕唐娜·哈拉维. 类人猿、赛博格和女人:自然的重塑[M]. 陈静译. 开封:河南大学出版社,2016.

[2] 侯文军,卜瑶华,刘聪林. 虚拟数字人:元宇宙人际交互的技术性介质[J]. 传媒,2023(4):25-27,29.

[3] 国务院. 国务院关于印发"十四五"数字经济发展规划的通知[EB/OL].

（2022-01-12）［2023-07-07］. http：∥www. gov. cn/zhengce/zhengceku/2022-01/12/content_ 5667817. htm.

［4］工业和信息化部等. 虚拟现实与行业应用融合发展行动计划（2022—2026年）［EB/OL］.（2022-11-01）［2023-07-07］. https：∥www. gov. cn/zhengce/zhengceku/2022/11/01/5723273/files/23f1b69dcf8b4923a20bd6743022a56f. pdf.

［5］北京市经济和信息化局. 北京市促进数字人产业创新发展行动计划（2022—2025年）［EB/OL］.（2022-08-03）［2023-07-07］. https：∥www. ncsti. gov. cn/zcfg/zcwj/202208/P020220808546496456459. pdf.

［6］2022虚拟数字人（元宇宙原住民）商业化发展报告［R］. 中国传媒大学主流融媒体研究中心，迈塔星，2022.

［7］Web 3.0体验营销方法论白皮书——营销数字化转型：从新一代营销理论创新开始［R］. 甲子光年智库，2023.

［8］2023中国虚拟偶像产业发展研究报告［R］. 艾媒咨询，2023.

［9］2022—2023年中国虚拟人行业深度研究及投资价值分析报告［R］. 艾媒咨询，2022.

［10］中国传媒大学媒体融合与传播国家重点实验室. 中国虚拟数字人影响力指数报告（2022年度）［R］. 优格元宇宙实验室，中国传媒大学数字人研究院，2023.

［11］房坚班，黄文楷，王瑞枞. 繁荣与阴霾：3 606名虚拟主播的真实生活［EB/OL］.（2022-05-11）［2023-07-07］. https：∥www. thepaper. cn/newsDetail_ forward_ 18022449.

［12］陈龙强，张丽锦. 虚拟数字人3.0：人"人"共生的元宇宙大时代［M］. 北京：中译出版社，2022.

［13］马健健，张翔. 虚拟偶像AI实现［M］. 北京：清华大学出版社，2022.

［14］郭全中. 虚拟数字人发展的现状、关键与未来［J］. 新闻与写作，2022（7）：56-64.

［15］廖秉宜，向蓓蓓. 虚拟数字人与元宇宙营销新景观［J］. 国际品牌观察，2022（19）：28-30.

［16］教育部等五部门. 教师教育振兴行动计划（2018—2022年）［EB/OL］.（2018-03-22）［2023-07-07］. http：∥www. moe. gov. cn/srcsite/A10/s7034/201803/t20180323_ 331063. html.

［17］中国新闻网．南开大学推出元宇宙新闻与传播学院［EB/OL］．（2022-10-17）［2023-07-07］．http://www.chinanews.com.cn/gn/2022/10-17/9874787.shtml.

［18］南京大学新闻传播学院官网．《数字人与虚拟制片》课程探索校企合作新模式［EB/OL］．（2022-07-04）［2023-07-07］．https://jc.nju.edu.cn/e0/4a/c11888a581706/page.htm.

［19］孙山．虚拟偶像"表演"著作权法规制的困境及其破解［J］．知识产权，2022（6）：74-91.

中国跨界营销传播年度发展报告（2022）

万木春* 焦婧妍** 邱慧敏***

摘　要：2022年，中国经济活力开始逐步提升，消费品市场竞争愈发激烈。本报告认为，2022年中国跨界营销主要具有如下特征：聚焦社会话题，触达公众情绪情感；融合数字技术，打造营销矩阵；"互联网+"拓宽跨界维度，异业品牌深耕文化共创；场景设计成为竞争核心，社交场域提升营销效果；打造用户型企业，推动品牌年轻化，等等。另外，本报告也对2022年中国跨界营销的学术研究进行了回顾。

关键词：跨界营销；数字技术；场景营销

Abstract：In 2022, China's economic vitality begins to gradually recover, and the consumer goods market becomes more competitive. This report believes that in 2022, China's crossover marketing is mainly character-

---

* 万木春，暨南大学新闻与传播学院营销传播教研室主任，暨南大学传播与国家治理研究院中国式现代化与国家形象传播研究中心执行主任，广告学博士，硕士研究生导师。
** 焦婧妍，暨南大学新闻与传播学院2022级硕士研究生。
*** 邱慧敏，暨南大学新闻与传播学院2022级硕士研究生。
本文系2022年度广东省教育科学规划项目（项目编号：2022GXJK136）、2023年广东省研究生教育创新计划项目"暨南大学—舜飞科技联合培养研究生示范基地"阶段性成果。

ized by the following asepects: focus on social issues and stir up public emotions; integrate digital technology to create a marketing matrix; "Internet+" broadens the crossover scope, and brands from different industries deepen cultural co-creation; scene design becomes the core of competition, and social media enhances marketing effect; build user-based enterprises and promote brand rejuvenation, etc. In addition, this report also reviews China's academic research on crossover marketing in 2022.

Keywords: crossover marketing; digital technology; scene marketing

"跨界"一词在国内市场营销领域的风行，经历了由篮球—音乐—艺术—营销、由西方至东方的流变过程。"跨界营销"（crossover marketing）概念源于"共生营销"（symbiotic marketing），但在跨界营销当中，进行资源共享的多种主体往往是非竞争性的异业成员，而且"共生"的目标可能设在任何营销层面，所谓的"界""边界"也很难清晰划定。因此，虽然国内外学者试图给"跨界营销"赋予严格定义，但当参与跨界合作的主体为企业或品牌时，无论是业界运营跨界品牌还是学术界研究跨界品牌，跨界联合、跨界联盟、跨界协同、异业合作等概念经常与跨界品牌混合交叉使用。出于企业的发展性和竞争性动机，目前中国企业已经惯常使用跨界营销方式以满足消费者的多元化需求，持续不断与外界环境交换资源、信息、能量以获取竞争优势，降低营销过程中可能发生的资源使用冲突、运行风险等。

2022年，中国经济活力开始稳步提升。面对一系列新的时代特征与社会趋势，消费品市场竞争愈发激烈。较往年相同，作为企业寻找营销突破点的重要手段之一，跨界营销仍然得到相关利益者的青睐。但在新形势之下，2022年国内的跨界营销呈现出一些新的面貌与特征。

一 聚焦社会话题，触达公众情绪情感

企业价值和消费者价值是跨界营销绩效的重要组成部分。在消费者价值中，强调跨界法则须以消费者体验为中心，寻找消费者共同情感价值，[1]进而确认不同产业、不同产品、不同偏好的消费者之间所拥有的共性和联系，并在此基础上赢得异业品牌双方（多方）目标消费者的好感。可喜的是，在2022年的跨界营销业界实践中，营销主体的关注点不再仅仅局限于公众的"情感"，还包括公众的"情绪"，以此在异业品牌的消费者中求得共鸣。

从认识论的视角来看，情绪是指有机体的天然生理需要是否获得满足的情况下产生的一种较低层次的内心体验，具有较大的情景性、激动性和短暂性，例如由饮食的需求引起满意或不满意的情绪，由危险情境引起的恐惧等。而情感则是指受稳定社会关系所制约的具有稳定而深刻社会含义的内心体验，具有较强的稳定性和深刻性，例如集体感、荣誉感、责任感、羞耻感、事业心等，可以称为较高层次的情绪或社会情操。[2]为了实时把握、触达公众的情绪情感，聚焦社会话题成为2022年企业（品牌）的一种快速又准确的跨界营销打法。

在触达公众情绪方面，2022年5月至6月，润滑油品牌"壳牌喜力"聚焦"疫情后公众户外出行受限"这一社会话题，抓住消费者对于户外出行、自驾露营等新生活方式短暂且强烈的渴望情绪，与探索频道（Discovery Channel）展开跨界联动。探索频道自带"冒险""自驾""出行""自然"等强烈且明显的标签，因此此次跨界营销的出发点是把久违的户外世界、探索之力带到消费者面前，激发其内心诉求，满足其渴望情绪。8月至9月，干露集团旗下的著名葡萄酒品牌"红魔鬼"洞察到，越来越多的中国年轻一代渴望脱离都市日常的无聊和平庸，希望在城市中找到一个乌托邦。基于对放飞身心这一急切情绪的把握，"红魔鬼"与网红冰激凌品牌FLUFFY.LFB展开跨界合作，

以"魔力一刻,趣玩一夏"为主题,用一杯冰激凌葡萄酒放飞自我,向年轻人发起了一场走出空调间、出去探险的夏日冒险号召,为年轻人打造了一个夏日乌托邦。

在触达公众情感方面,同样是在"壳牌喜力"与探索频道的跨界营销实践中,由于目标消费者——新世代车主对于祖国的大好山河、广阔地貌、特有动物品种、不同区域下的自然风光和民族特色等具有很强的民族自豪感、归属感与共鸣,"壳牌喜力"在产品设计上首次引入中国不同地域及不同珍稀保护动物的概念,将其作为视觉营销沟通语言,引发不同地区消费者的情感共鸣。2022年9月,针对生态可持续发展这一社会话题,京东电视联手时尚媒体 ELLE 打造了一场敦煌沙漠生态秀,与消费者心怀的爱护自然资源、爱护生态环境的情感进行互联,向消费者传达品牌关于生态可持续发展、未来世界的思考,从而实现话题曝光与品牌价值双提升。

综观以上案例,聚焦社会话题是跨界营销实践紧跟时事与热度的重要切入视角,公众情绪情感的触达则是跨界营销实践取得成功的关键要素。

二 融合数字技术,打造营销矩阵

跨界营销的内容输出形态与传播生态随着数智化时代的快速发展不断被重塑。大数据、人工智能、元宇宙、AR、VR、3D 数字建模等新兴技术的崛起使跨界营销的内容产出形式更为多元。自元宇宙概念兴起以来,虚拟产品和形象被 Z 世代视为潮流的象征。2022 年的跨界企业(品牌)愈发重视营销矩阵的搭建,这离不开各类新媒体平台与技术的强大背书。

2022 年 8 月,德国马牌轮胎联名敦煌博物馆 IP,以敦煌古艺的匠心演绎新品轮胎的全面性能,通过前沿的科技玩法,将产品特性娓娓道来。例如,在商业电视广告中运用电影级别的全 CG 特效手法,以借喻的方式,将敦煌千年文化古艺与品牌先进科技工艺贯通呈现;在年轻人喜爱的潮流文化平台上,品牌双方联合创作NFT数字藏品,吸引年轻群体的目光。

12月,欧莱雅集团与法国本地的AR内容制作商Historvery跨界合作,在拥有百年历史的上海久事艺术空间内,举办了为期一个月的巴黎圣母院增强现实感沉浸式展览。通过AR技术,欧莱雅复原了巴黎圣母院在不同历史时期的21个场景、数以百计的装饰、几千个角色、上万件物品,带领观众"亲历"巴黎圣母院数个世纪的峥嵘变迁和历史故事,实现不同时空的东西方文化对话。

在营销传播环节,绝大多数的企业(品牌)对于搭建传播矩阵的重要性有着深刻认知,它们以多平台营销共振、多元技术呈现的方式来占领话题阵地,提升传播声量。在德国马牌轮胎与敦煌博物馆的跨界营销中,德国马牌发布了一支融合了敦煌古风和前沿科技的3D裸眼视频,在成都线下宣告产品震撼上市的消息。此外,无论是在啤酒品牌1664与高端玫瑰及珠宝品牌ROSEONLY的跨界联动中,还是在"植村秀"与敦煌美术研究所的深度合作中,微博、微信公众号、小红书、抖音、网媒公关稿件、线下快闪活动、淘宝、天猫等的身影均频频出现。营销矩阵的同频共振成为提升跨界营销效果不可或缺的重要因素。

三 "互联网+"拓宽跨界维度,异业品牌深耕文化共创

"互联网+"是互联网发展的新形态。在马化腾看来,"互联网+"是指传统行业与互联网的深度融合,即传统行业借助互联网平台开放、共享和协作的优势进行转型和发展,创造出一种全新的行业生态,焕发新的生命力。[3] 但随着互联网本身以及经济的快速发展,"互联网+"开始更多地强调互联网同各行各业跨界融合"连接一切",强调企业具有互联网思维之后,其营销活动对人们的生活方式和消费习惯

形成的潜移默化的影响。因此，如果结合跨界营销边界模糊的特点，就可以在一定程度上将"互联网+"理解为跨界营销在数智时代的原动力。也正是基于此，对2022年跨界营销的业界发展情况进行梳理，便会发现"互联网+"进一步拓宽了企业跨界营销的维度。跨界合作者不再局限于实力、企业战略、市场地位、消费群体等各方面资源相匹配的两个或更多企业，而且IP跨界营销、生态化跨界营销等合作方式也在进一步成熟与完善。在此过程中，为避免"类别相差过大"的异业品牌无法很好地产生关联，进而降低跨界营销效果，文化共创成为"互联网+"时代异业品牌"破壁"合作的有效路径。

生态化跨界营销是指在"互联网+"时代，传统行业与互联网、现实空间与信息空间、新旧产业之间不断地跨界与融合，在企业之间形成关联，打造生态式的营销环境。[4] 2022年9月，防脱医药品牌蔓迪针对脱发现象低龄化这一现状，与年轻用户增势强的京东展开跨界合作。90后消费者对OTC（非处方药）药物治疗的认知度较低，且对最终效果持怀疑态度。但京东早已拥有较完整的健康布局，消费者也已习惯在京东进行健康消费。平台信任推动了商业化生态系统的形成，商业元素在此营销生态系统中畅通无阻地流动且得到优化配置。

IP源于"知识产权"，是指有一定受众基础、可跨媒介平台进行不同形式开发的优质内容版权。[5] 2022年7月，随着电视剧《梦华录》的热播，女主角赵盼儿作为茶铺娘子开设的半遮面茶馆为观众所津津乐道，中国传统茶文化步入大众视野，这与"喜茶"的品牌文化——"弘扬茶文化"不谋而合。"喜茶"在剧内外开展了多维度的IP联名合作，为用户带来沉浸式的追剧体验，以"新茶饮"产品带动传统茶文化传播，也进一步实现了品牌势能的累积。8月，为实现品牌破圈、塑造品牌精致优雅的风格，传统真丝企业LILYSILK将跨界合作的视线聚焦于著名艺术家蜷川实花身上。迷幻华丽、浓烈奔放的色彩捕捉是蜷川实花最鲜明的创作风格，LILYSILK将其设计元素融入产品当中，完美融合双方的文化基因，彰显双方关于美学的一致追求。

同时，借助艺术家本人的强大影响力，品牌声量和销量得以攀升，实现了 1+1>2 的 IP 联名效应。

四 场景设计成为竞争核心，社交场域提升营销效果

"移动互联网时代，场景成为营销竞争的核心，营销必须基于用户特定的、具体的和鲜活的场景。"[6] 企业（品牌）需要通过设计特定的场景应用，在合适的场景中以合适的方式进行营销，才能建立企业与顾客之间的良好联系，强化与顾客的交互链接，提升品牌的亲和力。这一观点的正确性与重要性在 2022 年跨界营销的业界案例中体现得淋漓尽致。

8月，时值盛夏，同时也是胃病高发季节，人们常常因为天热而选择冰爽冷饮和热辣刺激性食物来消暑与增强食欲。基于对此情况的考察，"达喜"联合"小龙坎"以及 3 大连锁药房，在 6 大城市发起一场名为"热辣对胃，更有滋味"的盛夏火锅行动。这是"小龙坎"首次与 OTC 品类进行跨界合作，双方通过发掘夏季暴饮暴食后的护胃场景，找到了胃药与火锅这两个异业品类的高度契合点。也正是因为场景的互通，异业品牌之间的关联更加紧密，更使品牌能够站在消费者的角度、站在鲜活的场景中开展营销传播活动，从而带来了品牌双方的价值最大化。9月，恒洁卫浴联合新华书店在北京、重庆、杭州等具有话题度的城市门店进行公共卫生空间改造，打造出一个符合中国人使用习惯的、富有现代中国文化特色的、展现高品质环保节能理念的卫浴空间。其将"产品传播"转变成"场景沟通"，进而塑造了恒洁卫浴差异化的"新国货"品牌形象。

在前文所提及的"打造营销矩阵"的基础之上，2022 年进行跨界营销的企业愈发重视场景搭建之后从社交场域带来的营销能量。例如，在"达喜"与"小龙坎"的跨界合作中，双方品牌通过对线下主题店进行专属氛围布置，引导到店消费者在社交平台打卡拍照，从而产生

社交传播效果，最终成功将主题火锅店升级为网红店；恒洁卫浴在联合新华书店打造出"中国式"的公共卫生空间场景之后，邀请行业媒体人、平台达人、地域红人进行实地探访，随即在社交场域大力宣传，扩大营销事件在社交平台上的感知度，向消费者传达品牌对人居空间、精神空间的不断追求。

由此看来，场景确实是跨界营销中连接品牌与消费者的重要桥梁，但如果想将场景营销的效果最大化，社交场域的传播助力至关重要。

五 打造用户型企业，推动品牌年轻化

从4P到4C，现代营销的工作中心发生了极大转变，即从以企业、产品为中心的营销思维转向以消费者为中心的营销理念，跨界营销实践同样如此。跨界企业愈发关注消费者需求，注重提升消费者的体验和感知，打造用户型企业也成为众多品牌的发展目标。而随着Z世代成为消费市场的主力军，2022年跨界营销的业界生态呈现出一片年轻态势，品牌主不得不及时调整自身的营销战略，追求品牌的年轻化转型，以谋求占领年轻用户的偏好和足够的市场份额。"所谓的品牌年轻化，是指两种趋向：一是消费者趋向于消费能让人感觉自己更年轻、更时尚的品牌；二是品牌倾向于接近更年轻的消费者人群，在形象诉求上不断追求时代感、新鲜感。"[7]

当"深夜食堂"不断兴起，"夜间经济"成为拉动消费的新力量，Z世代"夜猫子"对晚间美食和社交的需求日益强烈，众多企业开始抢夺晚间时段增量。5月，麦当劳推出了全新"麦麦夜市"，将其打造为各地年轻人晚间美食的社交新选择。通过定制场景化"Night Menu"来满足年轻群体晚间场景的创新口味需求。此外，在万圣节期间，"麦麦夜市"与年轻潮流地标——长隆欢乐世界联动，聚焦年轻圈层的文化IP，玩转"国潮+万圣狂欢"，刷新了广东区域的品牌年轻化娱乐标签。

11月，为拓宽大众既有认知，丰富产品形象与创作场景，江中牌健胃消食片不再主打"家中消化必备"定位，转而与高势能餐饮品牌——"不超级文和友"进行跨界合作，期望对喜爱美食、关注美食的年轻消费者群体产生影响，与年轻消费者建立直接有效的走心沟通。为此，品牌双方以"没什么是一顿美食消化不了的"为传播主题，在联名夜市中搭建起江中牌健胃消食片与年轻人美食生活的多种强关联场景。在文化输出上，江中品牌还致力于解决青年两大难题：从传统"消食"的物理消化到"情绪压力""人生难题"的情感消化，助力年轻人将难题转化为人生不断前进的养料，以此引发年轻圈层社交分享，塑造了品牌的年轻化形象。以用户为中心、注重品牌年轻化转型已然成为跨界营销的显著趋势之一。

回望2022年跨界营销的整体实践，企业（品牌）在营销的内容、形式、渠道、主体、对象等方面均在不断实现新突破，既追求深度、广度与精度的提升，也寻求与中华优秀传统文化元素的高质量融合。跨界营销领域呈现出一片生机与新意，为我国的营销市场发展不断注入新活力。

六 学术成果产出稳定，研究领域逐步拓宽

跨界营销的成本绩效、创新绩效、品牌资产绩效，都必须从消费者感知的角度出发作初步衡量，之后才能反馈到企业的各个价值链环节进行调整，并进一步与异业合作伙伴协同调适。消费者是否能够从营销信息的传递中感知到跨界营销产品的价值，是跨界营销的起点和关键点。

从消费者行为理论的感知视角来看，目前学术界认为主要有两种影响跨界营销效果的因素，即消费者创新性和消费者对跨界产品属性的感知。干广昊等研究发现，当消费者创新性程度较高时，他们更有可能率先购买跨界产品，而缺乏消费者创新性特质的群体则相反。[8]

提升消费者对跨界产品属性的感知不仅能够影响跨界营销的即时销售效果，还有助于提升跨界营销系统中的品牌资产绩效，[9]借助消费者对异业品牌的熟悉度、品牌联想来增强自身的品牌资产。但这既取决于异业合作伙伴的品牌资产，也取决于品牌间的匹配效应。品牌匹配对跨界营销的推动作用最大[9]，这些影响主要体现在品牌形象、品牌声誉和品牌个性上。企业可以从产品合作、联合营销、内容传递、场景设计等方面开展跨界营销合作。

2022年，学界对于跨界营销的学术研究愈加深入。一方面，学者持续深耕跨界营销领域，相关学术著作内容丰富、精思博览；另一方面，高校师生高度关注跨界营销的优秀实践成果与经典案例，结合相关理论，及时总结跨界营销发展规律，进行相关策略探析，产出了一批高质量的学术成果，进一步完善了我国跨界营销领域研究的理论体系。

（一）学术著作持续出版

2022年，国内共有5本与跨界营销相关的学术著作出版。由赵致毅撰写的《新国货：品牌打造、跨界创新与营销重构》对跨界联名营销"勇于创新、资源共享"的特点进行了探讨，总结了当下的跨界营销传播特点与形式。[10]由北京印刷学院张颖慧编著的《跨界联名包装设计》详细介绍了跨界包装的起源和发展、原则和规范、方法和实践以及跨界包装应用等，结合大量的前沿案例进行深度研究，强调艺术与科技、理论与实践、技术与美学相结合的设计观。[11]由中国科学院大学柳卸林教授等著的《创新生态系统：理论、战略与实践》一书提出"创新生态系统理论框架"这一创新和战略管理研究新范式的同时，也强调了近年来新兴企业的生态战略实践给经典创新生态系统及管理带来的巨大变化，如颠覆性创新、企业跨界创新、数字创新生态系统等复杂动态创新现象带来的机遇和挑战。[12]由武汉理工大学陈耘等主编的《企业战略管理》力图反映新商科时代企业战略管理理论和实践全貌，其中于"扩张篇"中提及创业发展、共生并购、跨界联盟及多元整合。[13] 由徐玲等主编的《品牌管理》一书在内容上可分为品牌创建、品牌维护和品牌提升三部分，于品牌提升部分提出的"品牌延伸、品牌授权、品牌联合"等与跨界营销理论密不可分。[14]

以上学术著作的出版，为学界提供了丰富的参考研究素材，为业界实践提供了科学的理论指导，对我国跨界营销的教育和实践探索都具有积极的现实意义。

（二）期刊文献有所增加

在跨界营销期刊论文的发表方面，以"跨界营销"为关键词检索篇名，获取2018—2022年收录于中国知网的跨界营销论文数据，得出近5年跨界营销相关研究数量折线图（见图1）。2022年跨界营销相关中文文献的发文数量为33篇，相较于2021年增加了8篇。

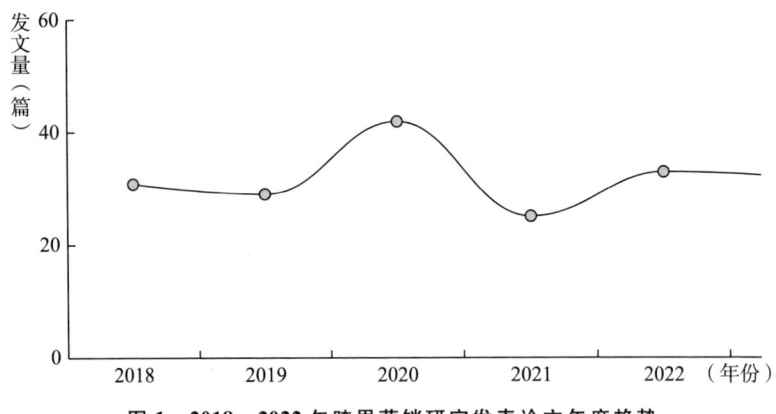

图1 2018—2022年跨界营销研究发表论文年度趋势

检索结果显示，2022年的33篇跨界营销文献分布于19个不同学科，以企业经济、工业经济、贸易经济、新闻与传媒、出版等学科为主（见图2），且分布于以上主要学科的研究发表论文数量较上年均有所增长。

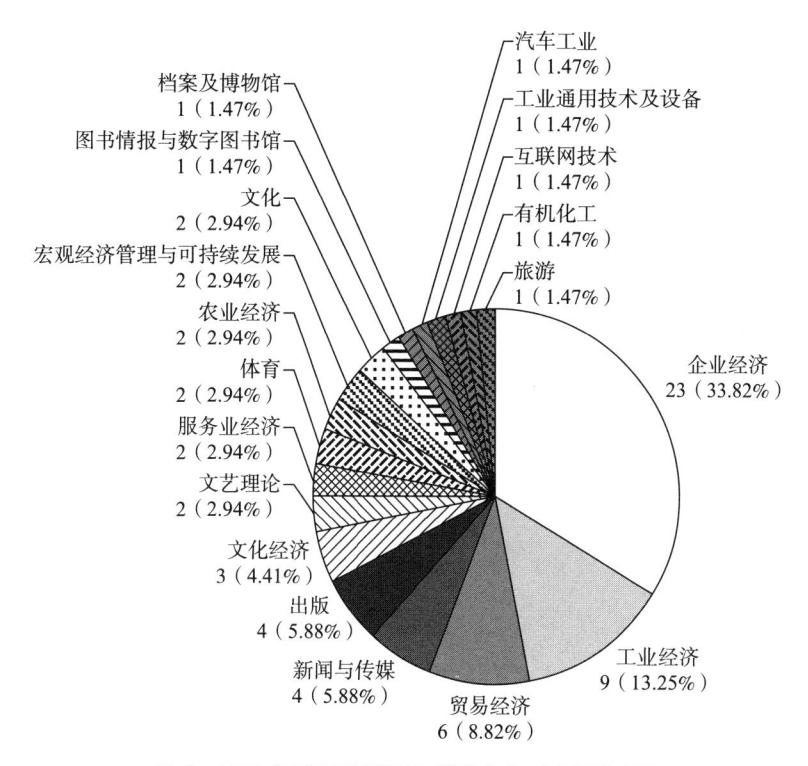

图 2　2022 年跨界营销研究学科分布（中国知网）

对 2022 年发表的期刊论文进行整理并运用 VOSviewer 软件进行可视化分析，根据关键词共现分析图（见图 3）可以看出，2022 年我国跨界营销理论研究以关键词"跨界营销"为核心节点，以"新媒体""H5 数字广告""互联网时代"为主形成节点群，说明学者对于新媒体环境下的跨界营销进行了深入研究，反映了跨界营销研究对于时代主题的深刻把握以及对于跨界营销背后的技术驱动力的关注。以"IP""老字号品牌""《王者荣耀》""云南白药""三棵树"等为主形成的节点群，以及"发展现状""营销策略""影响因素"等关键词，显示出 2022 年关于跨界营销的研究与业界实践紧密相连，研究热点广泛分布于文娱、医药、农产品、餐饮等多个领域。各研究中对于"4C 理论""4P 营销理论""上瘾模型""CAS 理论"等理论模型的选取，以及在内容上对营销学、心理学、经济学、新闻传播学等领域的涉及，充分显示出跨界营销研究丰富多元的属性，也说明我国跨界营销理论研究具有多维度、多视域、跨学科的特色。

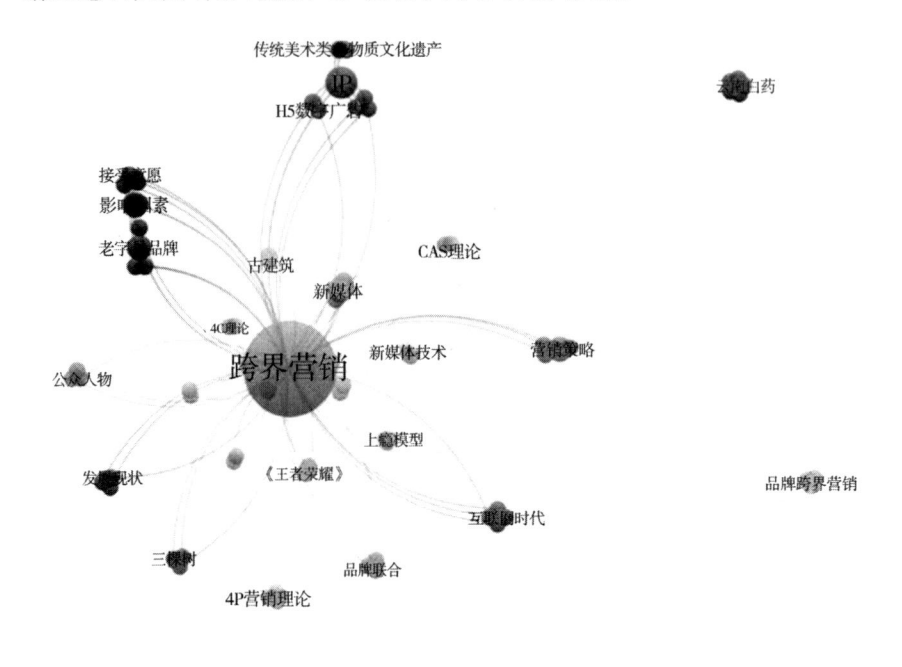

图 3　2022 年跨界营销关键词共现分析图

七　研究视角多元创新，理论探索愈发深入

跨界营销是品牌实现跨行业发展、焕发品牌持续生命力的重要手段之一，可以将诸多本不相关的元素组合到一起，打造具有立体感、纵深感的品牌。学者们选取业界不同企业的跨界营销实践案例，结合丰富多元的研究视角、理论框架和研究方法对跨界营销进行学术研究，对创新业界实践、推进业态融合具有一定的参考价值和指导作用。

（一）深度结合跨界营销实践，实现路径创新

各企业、各品牌的调性和发展道路存在差异，因此不同类型的品牌所选取的跨界营销模式也有所不同。在涂料行业的营销领域，李震等以"三棵树"品牌为例，从跨界营销现状、跨界营销战略（多品牌战略、集中化战略、市场定位战略）和跨界营销策略（产品、价格、渠道和促销）三个层次展开剖析，提供了传统品牌通过跨界转变为互联网优势品牌的方法路径。[15] 在图书跨界营销领域，新媒体时代"两微一抖"平台的应用要求出版社在跨界营销中树立战略观念，通过制订科学的图书跨界营销方案，丰富推送内容，树立品牌形象，重视用户互动，明确跨界边界，拓宽营销渠道，取得品效合一的效果。[16] 在车企跨界营销领域，吴玉梅结合民族品牌车企W公司"产业跨界、产品跨界、渠道跨界、跨界传播"等跨界营销策略与营销活动，运用SWOT分析模型，为W公司制定了增长性战略、扭转性战略、多元化战略、防御性战略。[17] 在老字号品牌跨界营销领域，陈炎坤等基于消费者特性，考察了在老字号品牌跨界营销情境下消费者创新性以及风险厌恶对品牌感知价值的影响，并探析了在该过程中的影响关系中性别、年龄和收入的边界条件效应，为老字号品牌的"活化"提供了有效策略。[18] 业界不同品牌的跨界营销实践为学术研究提供了丰富的现实参照，学术研究则通过对真实案例的分析实现理论创新，反哺实践。

（二）探索数字技术赋能营销，推进业态融合

各类新兴技术与品牌营销的结合日益紧密，数字技术的广泛应用为品牌带来了更加精确、智能、丰富的效果呈现。吴霜从内容、渠道、消费模式和商业模式四个方面阐述了智能交互技术如何对品牌跨界营销进行赋能。在内容跨界层面，以各省区市博物馆实现文博资源数字化为例，借助VR、短视频、网上展览等"博物馆+"跨界融合的技术

形式、融媒体传播方式，更好地实现生产要素数字化，加速虚拟体验发展；在渠道跨界层面，例如比亚迪携手华为带来的破圈层传播，打造多元传播矩阵，发掘更多兴趣群体作为潜在用户，全面赋能终端销售；在消费模式层面，随着用户更加重视自我意见表达、与品牌对等互动，元宇宙、区块链等技术更好地激发用户基于虚拟社区的品牌价值共创行为；在商业模式层面，IP价值在跨界融合的发展模式中，让品牌的商业资本发挥最大的优势，实现多领域、多媒介融合共生。[19] 曹美星通过对新媒体跨界营销的服务精准、价值提升、成本低、效率高等优势的分析，指出了中华老字号品牌利用新媒体跨界营销的必要性，并提出老字号品牌更应该重视多媒体多元化的营销途径、坚持老字号品牌特色、优化跨界产品、重视消费者感受、拓展老字号品牌营销渠道等，从而与消费者之间构建和谐稳定的关系。[20]

正如以上研究中所指出的，品牌跨界不仅是品牌发展的选择，更是业态融合的基础。利用各类智能交互技术，谋求数字化转型，与其他相关产业领域进行互动交流，巧妙借助数字技术赋能跨界营销，是实现数字经济与实体经济深度融合的有效路径之一。

（三）持续探寻跨界营销传播价值，丰富研究视角

2022年的跨界营销研究中，研究者从非物质文化遗产IP等不同研究视角切入，运用各种理论模型，深入探究跨界营销的营销传播价值。在IP跨界营销领域，樊传果等考察了传统美术类非物质文化遗产IP，将该IP跨界营销传播看作一种叠加与共赢，从运营管理、跨界对象选择和多元媒介传播三个角度探究非物质文化遗产IP的跨界营销传播方法：依托新兴数字技术、社群媒体平台等构建跨界传播矩阵，展现品牌新美学，提升品牌文化价值，建构积极的品牌联想与文化认同，实现传统美术类非物质文化遗产IP与多元业态的融合创新。[21] 孟令光等结合了H5数字广告与IP跨界营销，将IP营销视域下的H5数字广告的实践路径分为流量导流、品牌建设、信息传递，重点分析了该

视域下 H5 数字广告高流量基础聚集特定受众、高质量内容裂变病毒式传播以及高互动性促进目标受众转化的传播价值的特点，并针对该视域下 H5 数字广告的优势和不足，指出向高性价比、高创意要求和营销补充手段三个方向发展的未来趋势。[22] 黄春萍等在跨界营销研究背景下基于 CAS 理论，建立了在线互动对跨界营销效应的影响机制模型，从企业引导视角考察了激励强度、激励方式、情感引导力度、网络规模、网络关系及综合引导策略对跨界营销效应的影响，应用计算实验深入探讨了在线互动对跨界营销效应的影响机制。[23] 刘慧灵通过构建有调节的中介模型，以消费者行为为落脚点，探究互联网背景下日化品牌跨界营销战略在消费者层面的影响，指出新时代的跨界营销应当更注重利用互联网的大数据赋能，精准定位目标客户，追求高效率的营销信息推送。[24] 以上研究不仅使理论问题与社会现实更加贴近，还丰富了计算实验的相关研究，很大程度上填补了跨界营销领域研究在研究视角、理论基础等方面存在的部分空缺，为未来的研究提供了更多启发。

回顾 2022 年，在业界以积极创新精神进行跨界实践、学界敏锐关注跨界营销研究的共同推动下，我国的跨界营销活动精彩纷呈，技术应用具有亮点，经典案例层出不穷，相关研究成果显著，为中国营销传播的高质量发展进一步夯实了基础。

【参考文献】

［1］黄春萍，王芷若，马苓，等．跨界营销：源起、理论前沿与研究展望［J］．商业经济研究，2021（4）：80-82．

［2］张浩．论情绪和情感及其在认识中的功能：主体认识结构中的非理性要素研究［J］．广东社会科学，2006（6）：78-84．

［3］陈炳祥．跨界营销："互联网+"时代的营销创新与变革［M］．北京：人民邮电出版社，2017．

[4] 林汶奎. 跨界时代：从颠覆到融合 [M]. 北京：人民邮电出版社，2016.

[5] 刘琛. IP热背景下版权价值全媒体开发策略 [J]. 中国出版，2015（18）：55-58.

[6] 黄嘉涛. 移动互联网环境下跨界营销对价值创造的影响 [J]. 管理学报，2017，14（7）：1052-1061.

[7] 李光斗. 打造品牌年轻化 [J]. 企业科技与发展，2009（5）：27.

[8] 干广昊，计春阳. 个体消费者视角的产品创新扩散研究综述 [J]. 消费经济，2014，30（2）：90-96.

[9] 黄嘉涛. 移动互联环境下跨界营销的影响因素 [J]. 中国流通经济，2016，30（7）：98-105.

[10] 赵致毅. 新国货：品牌打造、跨界创新与营销重构 [M]. 北京：化学工业出版社，2022.

[11] 张颖慧. 跨界联名包装设计 [M]. 北京：化学工业出版社，2022.

[12] 柳卸林，等. 创新生态系统：理论、战略与实践 [M]. 北京：知识产权出版社，2022.

[13] 陈耘，秦远建，赵富强. 企业战略管理 [M]. 武汉：武汉理工大学出版社，2022.

[14] 徐玲，安萌. 品牌管理 [M]. 北京：北京理工大学出版社，2022.

[15] 李震，林巧理. 传统品牌的跨界营销研究：以三棵树为例 [J]. 商业经济，2022（2）：80-82，130.

[16] 吴昕. 新媒体时代图书"两微一抖"跨界营销探析 [J]. 新闻爱好者，2022（4）：76-78.

[17] 吴玉梅. W公司跨界营销策略研究 [J]. 商场现代化，2022（3）：56-58.

[18] 陈炎坤，杨兴华. 老字号品牌跨界营销的影响因素分析：基于消费者特性视角 [J]. 商业经济研究，2022（14）：86-89.

[19] 吴霜. 智能交互技术赋能品牌跨界营销 [J]. 公关世界，2022（19）：54-55.

[20] 曹美星. 中华老字号品牌利用新媒体跨界营销的必要性和措施 [J]. 老字号品牌营销，2022（3）：4-6.

[21] 樊传果，李旭丰. 非物质文化遗产IP的跨界营销传播探析：基于传统美术类非遗的视角 [J]. 传媒观察，2022（12）：85-90.

[22] 孟令光，程文倩. IP跨界营销视域下H5数字广告的实践路径与传播价值

[J]. 中国广告, 2022 (4): 63-67.

[23] 黄春萍, 文雯, 章静敏, 等. 在线互动对跨界营销效应影响机制的计算实验研究 [J]. 技术经济, 2022, 41 (5): 145-162.

[24] 刘慧灵. 互联网背景下日化品牌跨界营销对消费者行为的影响研究 [J]. 日用化学工业, 2022, 52 (5): 553-557.

中国数字展览年度发展报告（2022）

郑晓君* 苏少航**

摘　要：本报告指出，目前数字展览在中国正以多种形式呈现和普及推广，但仍处于起步阶段，需要向更完善更专业的方向行进。未来，数字展览将会进一步注重用户体验和互动性，加深与数字供应商的进一步合作，加强元宇宙重要场景的使用，融入城市品牌宣传，进一步扩大数字展览的影响范围。

关键词：数字展览；用户体验；元宇宙；城市品牌

Abstract: In terms of the development status quo of digital exhibition, this report points out that digital exhibition is being presented and popularized in various forms in China, but it is still in the initial stage and needs to be better and more professional. In terms of the development trend of digital exhibition, digital exhibition will further focus on user experience and interactivity, deepen further cooperation with digital suppliers, strengthen the use of important scenes in the metaverse, integrate into the promotion of city

---

* 郑晓君，暨南大学新闻与传播学院、媒体国家级实验教学示范中心（暨南大学）讲师，硕士研究生导师。
** 苏少航，暨南大学新闻与传播学院2021级硕士研究生。
本文系研究阐释党的十九届四中全会精神国家社科基金重大项目"增强香港、澳门同胞的国家意识和爱国精神研究"（项目编号：20ZDA096）阶段性成果。

brand, and further expand the scope of influence.

Keywords: digital exhibition; user experience; metaverse; city brand

一 中国数字展览发展现状

随着数字技术的不断发展,信息传播的形式变得多元化、个性化,数字展览在中国的发展也呈现出了快速增长的态势。作为一种新兴的展览形式,数字展览虚拟性地满足了用户对展览以及原作和文献等一手材料的占有,也满足了少数高级用户在展览和图录之间穿梭思考的需求,[1] 因此备受企业和参展商的青睐。

中国数字展览的发展历程可以追溯到20世纪90年代末期,当时国内互联网开始迅速发展,并逐渐催生了一些线上展览和展览网站。随着"数字博物馆"概念的产生,线上展览开始进入人们的视野。人们普遍认为,线上展览是通过互联网虚拟空间推出的并由移动终端和PC终端所呈现的各种展览。然而,由于当时的网络技术限制,这些线上展览的体验和效果并不理想,因此这种展览形式没有得到广泛的应用。

自21世纪以来,随着技术的跨越式进步,中国数字展览开始进入快速发展阶段,应用领域不断拓展,在文化(如故宫博物院的数字展览展示)、艺术(如中国美术馆的数字展览展示)、科技(如中国科学技术馆的数字展览展示)、教育(如数字教育资源库)等领域发挥出巨大作用。新冠疫情发生后,全国博物馆陆续闭馆。但国家文物局随即通过"博物馆网上展览平台",集中整合各地博物馆资源,分6批公布了全国31个省份的400余个网上展示项目,做到"闭馆不闭展,服务不缺位",受到公众热烈欢迎和高度评价。各级各地政府和各行业协会也纷纷组织线上展览,推动了数字展览的发展。其中,中国进出口商品交易会、中国国际服务贸易交易会、中国国际汽车展览会等传统大型展会均尝试使用了线上展览方式。例如，中国国际汽车展览会是中国汽车行业最具规模和影响力的盛会之一，由中国汽车工业协会与各大城市政府共同主办。因疫情防控，2020年的中国（北京）国际汽车展览会被迫推迟至2020年9月26日至10月5日，并采取了线上+线下相结合的方式。线上展览平台主要由两个板块组成：一是官方线上展馆，展示汽车厂商的新车和技术成果；二是汽车零部件展区，展示各个汽车零部件厂商的最新产品。在线上展览中，参展企业可以通过多种数字化工具和技术，展示汽车产品、技术和创新成果，如通过3D展示、虚拟现实、互动体验等方式让消费者感受汽车的科技魅力。虽然线上展览无法完全替代实体展览，但数字展览也为汽车行业带来了新的机遇。

在疫情防控期间，中国的重要展会大都采取了线上展览的方式，通过数字技术和网络平台，继续推动各个行业的发展与交流。虽然线上展览无法取代传统的实体展览，但其数字化的特点使得展商和参展者可以通过在线直播、虚拟现实、3D展示等方式展示产品和服务，极大地拓展了参展者的业务渠道和范围，为行业发展带来了新机遇。此外，线上展览还可以节省人力、物力、财力等成本，减少环境污染，具有非常明显的经济效益和社会效益，因此被越来越多的企业和机构所青睐。展览的数字化转型和创新，既是中国数字经济发展的一部分，也是数字经济发展的重要标志。中国数字展览已经取得了一系列的重要成果，这为数字展览的未来发展奠定了坚实基础。下文将对中国进出口商品交易会、中国国际服务贸易交易会的线上展览情况做简单介绍。

二 2022年中国数字展览概况

近年来，数字展览的不断发展与创新为我国展览实践提供了全新思路，也逐渐形成了新的职业种类和行业规模。在2022年疫情影响全球经济贸易和人员往来的背景下,数字展览凭借跨时空的优势,应用次数迅速增加,甚至成为大型展览的"标配"。线下展览限制逐渐放开之后,"线上+线下"的组合将可能成为大型展会的主要展览形式。

(一)国际级国家级展会持续开展数字展览

1. 2022年中国进出口商品交易会

中国进出口商品交易会,也被称为广交会,创办于1957年,是中国规模最大、历史最悠久的综合性国际贸易展览会之一,现由中华人民共和国商务部与广东省人民政府联合主办,中国对外贸易中心承办,每年春秋两季在广州举办,是中国最为重要的对外贸易平台之一。疫情防控期间,广交会选择以线上展览方式进行。2020年4月,广交会推出了全新的线上展会平台——广交会云展。云展平台以直播、展馆、商品、招商等板块为主要内容,为海内外企业提供了一个数字化的交流、合作和展示平台。广交会云展还通过云端签约、在线洽谈、智能匹配等功能,为参展企业和采购商提供了一站式数字化服务。2020年6月15日至24日,第127届广交会线上展会成功举办,共有来自全球220多个国家和地区的25000多家企业参展,涉及16个大类50个网上展区、约180万个展品。[2]

(1)第131届广交会及第132届广交会数字展会举办情况。第131届广交会于2022年4月15日至24日举办,也是广交会第4次开展线上展览。第131届广交会按参展企业分为照明、机械、家居装饰品、纺织服装等16大商品类型,设置了50个展区。约2.55万家参展企业搭乘"云快车",通过图文、视频、3D、VR等形式,多维度立体化展示企业、产品和品牌。参展企业云展厅累计访问量622.31万次。参展企业累计举办连线展示8.53万场次,上传展品305.21万件,其中新产品95.15万件。2398家企业制作并上传了虚拟展位,比上届增加236家,累计访问量3.12万次。[3]

第132届广交会于2022年10月15日开幕,本次线上展览从过去的10天延长到5个月,直至2023年3月15日结束。从这一届开始,每届广交会的线上平台服务时长将会保持在5个月,除了展商连线与预约洽谈功能试用期为10天外,数字展览的其他功能持续开放。第132届广交会主题为"联通国内国际双循环",截至10月24日(下同),广交会官网累计访客数1042万人,访问量3856万次,参展企业超3.5万家,相较于131届广交会增加近万家企业,展品总量超330万件。采购商发出即时沟通消息超过11.52万次,主动发布采购需求14734条,展客商互换电子名片78152次,企业组织连线展示7.9万场。[4]

借助图文、视频、直播、VR等多种形式,广交会的数字展览为参展商和观展者提供了全新体验。随着几年来"云展览"的开展,第132届广交会积累了大量的线上展览经验,并且对线上平台进一步优化,首次增设了专精特新、高新技术、绿色低碳、智能产品等企业和产品的特色标识,增加采购商的信息授权功能,优化参展者的体验。通过VR与AR的手段来加强参展者的"临场感"已经是广交会数字展览擅长的展览策略,许多厂商纷纷响应,打造自己的3D线上展厅。从广交会官方网页进入虚拟展馆入口,观展者不仅能够通过线上渠道身临其境地参与展会,还可以深入参展商的工厂与车间来了解产品的生产环境,获得更全面的品牌信息。

(2)技术助力广交会数字展览。广交会能够连续多次开展大型数字展览,其背后的技术支持团队功不可没。"腾讯企点"为广交会提供了线上平台开发、云资源支持和技术护航工作,保障广交会顺利举办。在2022年广交会上,腾讯基于"企点领航"全面升级了广交会平台,实现了对用户需求变化的快速响应,在供采对接上能够根据大数据提供更加专业且精准的个性化推荐,更加智能地促进对接双方的名片交换,促进贸易达成。"企点客服"则全面覆盖供采对接、直播等场景,为双方提供实时翻译,助力参展商与采购商的顺利洽谈。"腾讯企点"还针对商品上架、供采对接等核心场景,基于腾讯云原生 PaaS 平台（TCS）和腾讯大数据套件（TBDS）开发用户数据品牌（CDP）产品，搭建数字化运营平台进行数据实时分析和可视化，帮助广交会管理层在会展期间作出决策。

2. 2022 年中国国际服务贸易交易会

中国国际服务贸易交易会，简称服贸会，于 2012 年创办，是由中华人民共和国商务部、北京市人民政府共同主办，世界贸易组织（WTO）、联合国贸易和发展会议（UNCTAD）、经济合作与发展组织（OECD）等国际组织共同支持的服务贸易领域综合性展览。2019 年至 2022 年，中国国家主席习近平均在中国国际服务贸易交易会全球服务贸易峰会上致辞或向服贸会致贺信。

（1）2022 年服贸会数字展会举办情况。2022 年的服贸会于 8 月 31 日至 9 月 5 日在国家会议中心和首钢园区举办，并继续以"综合+专题""线上+线下"的模式开展，本届服贸会也是自 2020 年以来第三次开展线上展会。本次服贸会线下参展企业 2400 余家，线上参展企业 7800 余家，累计入场 25 万余人。[5]

有了前两届线上云展览的经验，本届服贸会更进一步优化线上展览，分为中央企业交易团、金融企业交易团、省区市展、国别展等专题展，以及文旅服务、健康卫生服务、体育服务等类别的专题展。线上展览具有云会议、会议直播、展商直播等功能，方便观展者直观了解参展商的产品及其提供的服务。本届服贸会的线上展馆继续采用 3D 线上展馆，参展商可以根据自身展示需求对线上展览进行布置。参展商对于线上展览的布置也十分用心：省区市展的香港馆别出心裁地在线上展馆前放置了一辆具有香港特色的路边摊车，展馆主要设置了"一带一路"机遇、粤港澳大湾区建设等七大展示板块，通过线上展馆的方式展示全新的香港；而列支敦士登国家邮政展馆则是将线上展馆布置成大型的邮票展览馆，展示了纪念列支敦士登建国三百周年首枚刺绣邮票、"疫情无情人有情"专题邮票等，向观展者展示了"邮票王国"的独特魅力。

服贸会自 2021 年开始常态化举办线上线下活动，打造"永不落幕的服贸会"。2022 年服贸会通过线上直播开展元宇宙创新论坛、针对不同国家和地区的线上推介会、专题讲座等共计 41 场专题活动与边会直播。"永不落幕的服贸会"以不同形式的线上专题活动，持续发挥着服贸会的影响力。

（2）云展会、云业务技术为服贸会提供"云上交流通道"。本届服贸会也是"京东云"第三年作为服贸会的官方技术服务商，为线上展会搭建云技术底座（例如视频直播、云会议室、实时通讯、私密会谈等核心功能），并为服贸会提供灵活多样的展会场景。"京东云"通过大数据、云计算、人工智能等技术，已将服贸会打造成为全球化的数字贸易交流、展示与交易平台。

（二）2022 年中国文娱业的数字展览应用概况

1. 数字展览的元宇宙尝试

中国国际数码互动娱乐展览会（ChinaJoy，简称 CJ），是由国家新闻出版署和上海市人民政府共同指导，中国音像与数字出版协会和上海汉威信恒展览有限公司主办，上海市新闻出版局和浦东新区人民政府协办的综合性国际数字娱乐产业展会，同时也是继 E3 电子娱乐展、东京电玩展、科隆国际游戏展等展览后又一同类型的互动娱乐展，展会内容以网络游戏为主。第一届展会于 2004 年举行，一直延续至今。CJ 作为中国最具知名度与影响力的数字娱乐展会之一，涵盖了游戏、动漫、电竞、潮流玩具、智能娱乐软硬件等数字娱乐多个领域，每年都会吸引大量年轻人参与其中。2022 年的 CJ 于 8 月 27 日至 9 月 2 日在 Metajoy 元宇宙数字世界举办，这也是我国第一个登录元宇宙的展会。

元宇宙是一个聚焦社交联结的 3D 虚拟世界网络，具有持久性与去中心化的特点，可以通过 VR 眼镜、手机、个人电脑等方式进入这一虚拟环境。自 2021 年 Facebook 公司正式更名为 Meta 后，元宇宙开始走入大众视野，一时间成为热门话题。2022 CJ Plus 的云技术合作方"腾讯先锋云"通过自行研发的云游戏技术，使参与用户无须下载任何客户端，通过扫码或点击链接即可进入数字世界。与其他数字展会最为不同的地方在于，在 CJ 元宇宙展会中，玩家可以自定义外形，打造自己的元宇宙数字化身，并对这一虚拟展会进行探索。相较于在其他的 3D 数字展览中观展者只能通过荧幕作为"他者"参会而言，数字化身能够与观展者产生一定的联结，同时观展者还可以通过麦克风与周围的其他观展者对话，相互添加好友，给予观展者一种仿佛自己是在线上世界活动的感觉，进一步增强观展者的沉浸式体验感。

CJ 的元宇宙世界中拥有多个数字平台，其中包括"核心世界""展商空间""Live house""Showroom""媒体小镇""Coser 荣誉大道""SG 艺术馆""明星山庄""MetaCon 会议中心"等主题区域，观展者可以在线上世界中选择不同的主题区域进行游玩。在展览期间还会定期举办明星见面会，明星可以在元宇宙中进行直播互动、开演唱会等。元宇宙作为线上的虚拟环境，拥有着广阔的空间，还将游戏中的不同玩法融入其中，使得参展商可以在虚拟世界中投放广告，同时通过做不同的品牌任务探索获得如品牌烟花等道具，提高了参与体验感，这样整个展览的趣味性与可玩性得以大大丰富。将展览搬到元宇宙这一操作很大程度上吸引了 Z 世代的参与，也提高了展会的话题度，参展商也得到了曝光，这些优势也是本次元宇宙展览的亮点。首次 CJ 元宇宙展览虽然还有许多可以提高的方面，但为未来的数字展览进行了全新尝试与突破，开拓了未来数字展览的诸多可能性。

2. 博物馆线上数字展览

中华人民共和国文化和旅游部于 2020 年年初即在国家政务服务平台、政府部门网站政务服务门户上推出"在线公共文化服务"，当时全国公众可在线观看全国博物馆线上展览，参观国家博物馆 30 多个虚拟展厅，查询故宫博物院文物信息，参加国家图书馆线上线下相结合的公开课。[6] 2020 年春节期间，全国 1 300 家博物馆推出了 2 000 余项线上展览，以其丰富多样的文化内容与展示手段广受公众欢迎，形成了"线下闭馆，线上开花"的态势。[7]

全景观展是目前博物馆应用较多的数字展览形式。高清的360°全景图像让观展者身临其境，观展者可以根据地面标志进行游览，同时也能够通过放大图像来仔细观察展品，实现"足不出户"游览博物馆。2022年故宫博物院开展了8个不同的展览，这些展览都能够通过线上展览进行全景游览。

2022年，甘肃省博物馆进行了数字展览的进一步创新。中国文物保护基金会"今古集"文化遗产社会教育活动以"博物馆数字化的创新力量"为主题，联合甘肃省博物馆以连线方式举办了线上讲座和夜游"云观展"等活动。在本次活动中，甘肃省博物馆在线首发了清代画作《金城揽胜图》的3D动态影像，在长达5分钟的视频里展示了兰州景色，画作中的各种景物与元素通过3D建模得以还原，观众仿佛穿越时空而置身于画中。近年来，甘肃博物馆也通过3D扫描的方式，对出土的古生物化石、彩陶、丝绸之路文物等进行扫描，数字化生成3D模型，让观众能够在线上全方位地观察出土文物的细节。通过数字化保存、数字化展示，馆藏文物得到了更好的保护，文物资源也能够更安全、更高效、更低成本地"流动"起来。

博物馆的数字展览不仅能够展现大型、无形、动态的展品，还为输出单件展品的完整信息提供了可能。除展示藏品实物与辅助展品外，数字展示技术还可通过虚拟展品，扩充原有展示内容，丰富展览信息。在陈列形式上，数字展示技术更具趣味性，容易吸引观众的注意，以这种方式呈现的内容也会使大多数人印象深刻。在数字展品前，观众可以通过肢体动作反馈信息，实现与展品的交互，从而获得更多知识。在观众服务方面，随着智能设备的普及，观众可以自主选择感兴趣的展品深入了解，进而提高参观学习效率。在展出时间上，观众不再受到博物馆开放时间的束缚，展期结束后被撤换的展览也能够继续在虚拟展厅中展出，延长了展览时间，为观众的参观提供了便利。总体而言，博物馆数字展览大大丰富了展品传递的内容信息，增强了展品信息的传递功能，提升了传播效率，延伸了博物馆社会教育的时间和空间，从而进一步提升了博物馆的公共文化服务功能。[8]

（三）当前中国数字展览的特点

相较于传统展览，当前中国的数字展览具有以下特点。

1. 场景多样化

中国幅员辽阔、人口众多、互联网媒介技术发展迅速且智能设备普及率较高，这些因素均促使近期展览场景形式发生巨大变化。数字展览不受地域限制，无论是展商还是观众都可以随时随地进行展示或参观。近年来，越来越多的数字平台开发出与博物馆、美术馆相关的功能，也有越来越多的展馆加快了数字化建设，设立多媒体数字部门，在网站和App上同步展示信息。在多种媒介手段运用下，展示场景已呈现多样化特征。

2. 高效低成本

新媒体的广泛使用，使得数字展览空间具有了虚拟性、流动性的特点，不仅扩大了临时展示空间，而且提高了展示空间的利用效率。数字展览不需要现场搭建展馆，没有租赁展位等费用，也无须运输、搭建展品，因此成本较低，同时也减少了很多不必要的时间和人力成本。数字展览的大量举办，是对中国在发展数字经济当中强调降本增效的一种现实回应。

3. 互动性强

中国的新媒介、人工智能、位置服务等技术的发展速度大大高于全球平均水平，这使得大众与展品拉近了距离，实体与虚拟的边界变得模糊。新媒介技术能够较为充分地利用文字、图像、视频、虚拟现实、光、声等表达形式，调动参观者的视觉、听觉和触觉，表达参展物的信息和美感。科技、文化、艺术在媒介技术的互相连通和支持下，深化了线上展览的场景表达与想象空间。数字展览可以通过各种互动方式，如在线视频直播、在线问答、在线沟通等，增强观众的参与感和互动体验感。可以看出，线上展览不仅仅是策展人的展览，更是大众的活动。

4. 环保节能

"绿水青山就是金山银山。"数字展览不需要大量的纸质资料，也不需要使用一次性展品，不仅可以降低能源的消耗，还可以降低展馆运营和维护的成本，提高展馆的效率和可持续性。实现环保节能目标是中国展览由实体形态转向数字形态的一大动因。

三 中国数字展览发展展望

随着技术的不断进步和人类需求的扩张与转移，数字展览将成为人们了解经济、文化、历史、科技等方面知识信息的一个重要途径。中国的智能手机普及度较高，数字展示技术应用转化速度较快，数字衍生品种类与数字营销方式较为多样，中华优秀传统文化积淀深厚，中国国土幅员辽阔且人口众多，行业门类完整齐全……在诸多综合因素的共同作用下，数字展览的优势在中国市场得到了较为充分的体现，因而也快速成为一种非常有吸引力的新兴展览形式。未来，中国的数字展览将继续融合新技术，为观众提供更加身临其境的体验。此外，数字展览还将更多地借助互联网和社交媒体等平台进行推广，让更多的人能够参与其中。

（一）与数字供应商的合作将进一步深化

与数字供应商加深合作将是中国数字展览发展的重要趋势。数字供应商可以为数字展览提供更加先进的技术支持和设备配备，以更好地呈现展示内容。同时，数字供应商也能够根据数字展览的需求和特点，提供量身定制的解决方案，为数字展览的策划和实施提供有力支持。具体而言，中国数字展览举办方在与数字供应商的合作中，未来可以采用以下措施以达成多方共赢。

1. 共同提高专业水平，增强数字展览的实施能力

数字展览举办方与数字供应商在不同领域具有各自的专业知识和专业技能。从数字展览举办方的角度来看，数字供应商需要具备一定的展览策划、交互设计、视觉设计等方面的专业知识。从数字供应商的角度来看，如何让数字展览举办方了解技术的"能"与"不能"，也存在知识信息的传导问题。双方可以通过多种方式共同提高在数字展览方面上的专业水平，例如开展培训项目、参加专业认证考试等。

2. 深入了解数字供应商的技术优势和产品特点，选取适合的供应商

不同的数字供应商往往在技术和产品方面存在较大差异。开始合作前，数字展览举办方必须深入了解这些差异和优缺点，以便作出最佳的合作选择。此外，了解供应商解决方案中可能存在的局限性也非常重要。

3. 与数字供应商建立稳定的合作关系或建立长期的战略伙伴关系

数字展览的市场发展非常迅速，具有双向意义的行业特殊性，合作伙伴之间应以建立稳定的合作关系或建立长期的战略伙伴关系为总体目标。以正式文件明确双方的职责和义务是必备基础，但更为重要的是具体方案的跟进、执行、调适与修正。双方应共同探讨新的合作方式和模式，例如联合开发新产品或服务、合作推广数字展览平台等。

（二）探索元宇宙重要场景的使用

元宇宙是一个基于互联网和VR技术构建的开放平台，具有极高的可扩展性，这可以为数字展览提供更多的发展空间，包括增加展示面积、丰富展示内容、创新展示形式（例如提供3D展示、互动式演示、虚拟现实体验）等。对于观展者而言，可以在元宇宙数字展览中进行多种互动活动，如游戏、社交、购物等，这种新的互动方式能够吸引更多的人参与其中，从而扩大展品的展示范围和推广效果。

这实际上是对以往数字展示技术的一种升级。在未来，随着 VR 技术的不断进步和元宇宙平台的发展，元宇宙将成为数字展览的重要场景之一。

（三）提升用户体验和互动性

数字展览是数字营销传播的形式之一，因此营销传播对于用户体验和互动性的强调，也必然会在数字展览的未来发展中得到回应。元宇宙集合了以往的数字技术，但这些数字技术在数字展览中的应用强度并不相同。具体而言，近期的数字展览较多地使用以下几种技术。

1. 虚拟现实（VR）和增强现实（AR）技术

VR 和 AR 技术可以为数字展览的观展者提供身临其境的体验。通过 VR 技术，观展者可以通过头戴设备或手持设备浏览三维数字图像、视频、音频等内容，而 AR 技术则可以在现实环境中叠加数字元素，如指引导航、补充信息、现实互动等。

2. 互动元素和游戏化设计

互动和游戏化设计已经是数字展览中常用的策略之一，并将会被放大应用。通过为数字展品添加互动元素，例如点击、滑动、旋转等操作，可以大幅提升数字展品的趣味性和吸引力。游戏化设计则会令观展者主动参与互动的意愿大幅提高，并以更轻松愉悦的方式去学习和探索展览内容。

3. 展示环境生成技术

数字展览的展示环境对于观展者体验来说至关重要。主办方应充分考虑并选择整体设计、装饰和场景分割的数字展示环境技术，为观展者带来更加丰富和有趣的体验。

4. 在线支持和社交媒体互动

目前，数字展览可以通过网站或应用程序为观展者提供问答、直播互动、评论等功能，观展者也可以通过社交媒体分享自己的体验或评价情况，让更多人了解数字展览。但这些在线支持和社交媒体互动还需进一步深化，尤其是要考虑如何提升从传播效果到社会效果、营销效果的转化率。

（四）融入城市品牌宣传

作为现代数字文化的重要组成部分，数字展览通过创新形式和手段，与城市文化活动相结合，进一步提升了城市文化的内涵和表现形式。数字展览将会更多地融入城市文化建设中，成为宣传城市品牌的一个重要抓手。

具体来说，数字展览将更多地融入城市文化景观。数字展示平台和装置可以被布置在城市广场、公园、机场、商业中心等公共场所，在城市的不同角落展示数字文化和历史遗产。这些数字展览能为当地居民提供多样、便捷的文化享受方式，不断提升城市文化品位，成为城市新的文化地标。

数字展览还可与特定的城市文化活动相结合，例如数码艺术展览、动漫游戏展览、音乐节等，以丰富多彩的元素呈现城市文化，增强城市文化的吸引力和影响力。为此，政府和相关文化机构需要更紧密的合作，共同推进数字展览和城市文化建设。

数字展览的发展会对城市经济产生积极影响，数字展览的规模和品质越高，越能吸引游客前来旅游观光。同时，围绕数字展览开发各种相关产品，如数字展览纪念品、图书、视频等，也将促进城市文化产业的高质量发展。

【参考文献】

［1］曹庆晖.数字展览资源（2010—2019）与中国现代艺术研究动向［J］.美术，2020（6）：27-33.

［2］人民日报.云端广交会　在线迎客来（经济聚焦）［EB/OL］.（2022-06-16）［2023-07-07］.http://finance.people.com.cn/n1/2020/0616/c1004-3174

7771. html.

[3] 陆妍思. 第131届广交会"成绩单"公布：53.6万境外采购商注册观展,同比增48% [EB/OL]. (2022-04-25) [2023-07-07]. https://cj.sina.com.cn/articles/view/1652484947/627eeb5302001crao? finpagefr=p_104_js.

[4] 骆田子. 联通国内国际双循环 第132届广交会线上平台将进入常态化运行 [EB/OL]. (2022-10-25) [2023-07-07]. https://news.southcn.com/node_54a44f01a2/8682a414c9.shtml.

[5] 央视网. 2022年服贸会今天闭幕, 成果丰硕 [EB/OL]. (2022-09-05) [2023-07-07]. https://news.cctv.com/2022/09/05/ARTIVP5QB5gKFVKKg8BWJtRZ220905.shtml.

[6] 国家文物局官网. 文化和旅游部推出在线公共文化和旅游服务 [EB/OL]. (2022-02-03) [2023-07-07]. http://www.ncha.gov.cn/art/2020/2/3/art_1027_158617.html.

[7] 澎湃新闻. 博物馆线上展览"破局走红",是机遇更是挑战 [EB/OL]. (2020-03-15) [2023-07-07]. https://m.thepaper.cn/baijiahao_6520976.

[8] 李绚丽. 数字展示技术在博物馆展览中的应用 [J]. 中国博物馆, 2015 (2): 31-41.

图书在版编目(CIP)数据

中国营销传播高质量发展报告.2022/《中国广告年鉴》(广州)编审暨中国品牌高质量发展研究中心组织编写;杨先顺主编;万木春执行主编;星亮,朱磊副主编.--北京:社会科学文献出版社,2024.10.
ISBN 978-7-5228-4234-9

Ⅰ.F713.86

中国国家版本馆 CIP 数据核字第 2024FL0949 号

中国营销传播高质量发展报告(2022)

组织编写 / 《中国广告年鉴》(广州)编审暨中国品牌高质量发展研究中心
主　　编 / 杨先顺
执行主编 / 万木春
副 主 编 / 星　亮　朱　磊

出 版 人 / 冀祥德
责任编辑 / 张建中
责任印制 / 王京美

出　　版 / 社会科学文献出版社·文化传媒分社(010)59367004
　　　　　　地址:北京市北三环中路甲29号院华龙大厦　邮编:100029
　　　　　　网址:www.ssap.com.cn
发　　行 / 社会科学文献出版社(010)59367028
印　　装 / 三河市东方印刷有限公司

规　　格 / 开 本:787mm×1092mm　1/16
　　　　　　印 张:11.75　字 数:160千字
版　　次 / 2024年10月第1版　2024年10月第1次印刷
书　　号 / ISBN 978-7-5228-4234-9
定　　价 / 79.00元

读者服务电话:4008918866

版权所有 翻印必究